Rolf Dobelli

Wer bin ich?

Indiskrete Fragen

Diogenes

Die Erstausgabe
›Wer bin ich? 777 indiskrete Fragen‹
erschien 2007 im Diogenes Verlag
Diese Neuausgabe wurde vom Autor
durchgesehen und überarbeitet
Umschlaggestaltung von Kobi Benezri

Alle Rechte vorbehalten
Copyright © 2007, 2015
Diogenes Verlag AG Zürich
www.diogenes.ch
120/15/8/1
ISBN 978 3 257 06917 4

Inhalt

Vorwort 7
Leben 8
Lebensziele 16
Denken 20
Wissen 28
Handeln 32
Glück 38
Liebe 44
Beziehungen 50
Sex 56
Ehe 64
Frau & Mann 70
Affären 76
Lügen 82
Gefühle 88

Geschenke 92
Erfolg 98
Karriere 104
Job 110
Management 116
Geld 124
Reichtum 130
Freunde 136
Die Anderen 140
Heimat & Reisen 146
Ohne Titel 150
Glauben 158
Alter 162
Gott 168
Tod 174

Vorwort

Wer Max Frisch kennt, kennt seine Fragebogen. Seit ich Frisch für mich entdeckt habe, bin ich ihnen erlegen. Geradezu süchtig haben mich seine Fragen gemacht, so dass ich seit Jahren ein schwarzes Notizbüchlein bei mir trage, in dem ich Fragen zu allen möglichen Themen sammle. Hier sei eine Auswahl daraus vorgestellt.

Max Frisch ist nicht der Erfinder des Fragebogens. Jahrzehnte zuvor (1886) hat Marcel Proust seinen berühmten Fragebogen zum ersten Mal ausgefüllt. Erfunden hat ihn aber auch nicht Proust, denn im England des 19. Jahrhunderts gehörte es zum Gesellschaftsspiel der High Society, sich so zu ergründen und preiszugeben. Möglich, dass der Drang, sich und andere zu befragen, sich fragend zu entlarven, so alt ist wie das Denken selbst. Keine Frage, Frisch hat die Frage zu einer wahren Kunstform ausgebaut, zu einer Umkehrform des Aphorismus. Die Frage geradezu als Steigerung des Aphorismus, weil sie mehr erlaubt, weil sie subversiver sein kann als der Aphorismus, boshafter, erhellender – und all dies im braven Gewand einer behördlichen Umfrage.

Hier der Versuch, daran anzuschließen und sie noch ein bisschen weiterzutreiben – auch als Hommage an Frisch.

Rolf Dobelli

Angenommen,
Sie würden entführt.
Was wäre Ihrer Meinung
nach eine vernünftige
Lösesumme?

Leben

Leben

Wären Sie lieber sympathischer oder intelligenter?

*

Was wäre Ihnen lieber:

a) Sie fühlen sich jünger, als Sie sind?
b) Sie sind jünger, als Sie sich fühlen?

*

Leiden Sie an der Unfähigkeit, das auszudrücken,
was Sie wirklich sagen möchten? Oder empfinden Sie
diese Unfähigkeit öfter als Segen, zum Beispiel bei
Mitarbeitergesprächen oder Zank in der Partnerschaft?

*

Möchten Sie sich manchmal lieber beobachten als
Sie sein?

*

Wäre es Ihnen lieber, wir würden statt von Affen
von anderen Tieren abstammen? Oder fänden Sie es
angemessener, verschiedene Menschen würden von
verschiedenen Tierarten abstammen?

Leben

Wie viele Menschenleben müssten gerettet werden
können, damit Sie bereit wären, Ihr Leben aufs Spiel
zu setzen? Bitte um genaue Angabe.

*

Wie lähmend ist für Sie Selbsterkenntnis?

*

Würden Sie Ihren Nachkommen Ihr Leben wünschen?

*

Verleiht Ihnen Anstand das Gefühl von Moral?

*

Möchten Sie, dass mehr Menschen wären wie Sie
(Vereinfachung der Abläufe, Vermeidung von Miss-
verständnissen), oder würden Sie es begrüßen, wenn
weniger so wären (relative Seltenheit, Exklusivität)?

*

Sind Ihnen Menschen, deren Verhalten Sie an Sie selbst
erinnert, eher sympathisch oder unsympathisch?

Leben

Welchen Anteil des heutigen Tages möchten Sie
nochmals erleben? Angabe in Minuten.

*

Erfüllt es Sie mit Erleichterung, dass der Mensch dem
Menschen ein Rätsel bleibt, dass niemand Sie
vollständig verstehen wird, nicht einmal Sie selbst?

*

Bedrückt Sie die Tatsache, dass Sie zu 99% aus
einfachsten Wasser- und Kohlenstoffverbindungen
bestehen, oder verspüren Sie Erleichterung anlässlich
dieser elementaren Zusammensetzung?

*

Angenommen, Sie könnten etwas zurücknehmen,
was Sie einmal gesagt haben. Was wäre es?

*

Angenommen, Sie könnten etwas sagen, was Sie
einmal nicht gesagt haben. Was wäre es? Bitte um
genauen Wortlaut.

Leben

Wenn Sie sich zwingend einer Schönheitsoperation
unterziehen müssten, die sowohl kostenlos als auch
garantiert erfolgreich wäre, was würden Sie an sich
operieren lassen?

*

Möchten Sie wissen, unter welchen Umständen Sie
gezeugt worden sind (in welcher Stellung die Zeugung
genau erfolgte; ob es sich um einträchtigen Geschlechtsverkehr gehandelt hat oder nicht; ob Alkohol mit im
Spiel war und, wenn ja, wie viel; welche Gedanken im
Moment der Zeugung gedacht wurden)?

*

Möchten Sie wissen, wie viele Versuche nötig waren,
um Sie zu zeugen?

*

Sehen Sie sich anders, als Sie sind? Falls ja: wie anders?

*

Wie zufrieden sind Sie mit dem inhaltlichen Angebot
des Lebens?

*

Über welche moralische Innenausstattung verfügen
Sie?

Leben

Nennen Sie die drei peinlichsten Momente Ihres
Lebens.

*

Wenn Sie einen peinlichen Moment erlebt haben, wann
können Sie darüber lachen?

*

Haben Sie Methoden, wie Sie diese Zeit verkürzen oder
verlängern?

*

Welche peinlichen Momente Ihres Lebens haben Sie
nicht menschlicher gemacht?

*

Hätten Sie sich gern in doppelter Ausführung?

*

Angenommen, es gäbe Sie tatsächlich in all Ihren
Eigenheiten in doppelter Ausführung: Was konkret
würden Sie sich von einem Zusammentreffen mit Ihnen
erwarten?

*

Was dürfte in Ihrem Benutzerhandbuch nicht fehlen?

Leben

Falls nicht in diesem – in welchem Jahrhundert hätten
Sie gern gelebt?

*

Wie oft gelingt es Ihnen, Tatsachen durch positives
Denken zu ändern?

*

Was ärgert Sie am meisten?

a) Unwissen
b) Ahnungslosigkeit
c) Nicht-wissen-Wollen
d) Vergesslichkeit
e) Schiere Dummheit

*

Wie lang hält sich im Durchschnitt eine Einsicht, zu der
Sie durch Nachdenken gekommen sind?

*

Wenn Sie sich einen Brief schreiben müssten, welches
wäre der exakte Wortlaut?

Leben

Rundheraus, was sind Sie für ein Mensch?

*

Was ist Ihr Hund für ein Hund?

Welches war der
Höhepunkt Ihres Lebens?
Oder glauben Sie,
er kommt noch?

Lebensziele

Lebensziele

Gibt es einen thematischen Schwerpunkt in Ihrem Leben?

*

Wo sehen Sie sich in 50 Jahren?

*

Wie viele Lebensentwürfe, die Ihnen einfallen, stellen sich schon bei bloßer Betrachtung als unpraktisch heraus, und wie viele scheitern an ihrer Verwirklichung?

*

Wie oft kommt es vor, dass Sie sich für etwas einsetzen, das Ihnen nicht wichtig ist?

*

Definieren Sie Sinn.

*

Apropos Sinnsuche: Möchten Sie gern in einer Gesellschaft leben, in der der Sinn des Lebens aus ganz klaren, einfachen Handlungen bestünde – etwa dem Aneinanderreihen von Muschelstücken, dem täglichen Singen eines Liedes oder dem Beten zu einem imaginären Wesen?

Lebensziele

Was sind Sie öfter?

a) Der falsche Mann am falschen Ort
b) Der falsche Mann zur falschen Zeit
c) Der falsche Mann

*

Können Sie sich gehenlassen? Können Sie andere sich gehenlassen lassen?

*

Was fällt Ihnen im Allgemeinen leichter: einen Wunsch zu erzeugen oder einen Wunsch zu verdrängen?

*

Woran messen Sie die Qualität Ihres Lebensentwurfs?

*

Wie oft, wenn Sie am Morgen aufwachen, kommt es vor, dass Sie Ihr Leben gern gegen den Traum der vergangenen Nacht eintauschen würden?

*

Wie viel öffentlichen Widerstand brauchen Sie, damit Ihnen gewisse Anliegen nicht mehr wichtig erscheinen?

Lebensziele

Sind Sie überrascht, dass alles immer anders kommt als geplant (Karriere, Beziehungen, Lebensumstände), und beziehen Sie dieses Planungsfiasko auf sich persönlich?

*

Was treibt den Rentner an, sich Ziele zu stecken?

*

Wann haben Sie Ihr Leben zum letzten Mal grundsätzlich hinterfragt? Oder überlassen Sie das jeweils der Realität?

*

Welches ist das Ziel der Menschheit?

*

Wo sehen Sie die größten Hindernisse der Menschheit auf dem Weg zur Selbstausrottung?

*

Welche Ziele, Ihr Leben betreffend, behalten Sie für sich – und warum?

*

Gibt es selbstgesteckte Ziele, die Sie nicht mögen?

Was kommt Ihnen in den Sinn, wenn Sie versuchen, einen Moment lang nichts zu denken?

Denken

Denken

Stimmt es Sie nachdenklich, dass Sie das meiste von dem, was Sie heute denken, schon gestern gedacht haben?

*

Gibt es etwas, was Sie in Ihrem bisherigen Leben zu denken versäumt haben?

*

Welche Gedanken würden Sie lieber nicht haben?

*

Angenommen, es gäbe verschiedene Betriebssysteme für Ihr Hirn. Von welchem Lieferanten würden Sie am ehesten kaufen?

a) Microsoft
b) Open Source (zum Beispiel Linux)
c) Handgestrickt (zum Beispiel von Ihrer Schwieger-
   mutter)
d) Von einer Partei
e) Von Ihrem Therapeuten

*

Falls Sie zwei Hirne hätten, würden Sie eher multitasken oder genauer (sorgfältiger) denken?

Denken

Ist Ihnen eine überwältigend mehrheitliche öffentliche Meinung in die eine oder andere Richtung Garant für Richtigkeit?

*

Falls Sie durch reines Denken jemanden töten könnten, würden Sie es tun? Wenn ja, wen?

*

Welchen Erfahrungen trauen Sie nicht? Und welchen können Sie bei bestem Willen keinen Sinn abgewinnen?

*

Sie dürfen wählen: Entweder können Sie ab heute doppelt so schnell denken oder doppelt so schnell handeln.

*

Wie viel würden Sie bezahlen, um zu erfahren, welche Gedanken Sie nie denken werden?

*

Was ist überhaupt nicht denkbar?

Denken

Gesetzt den Fall, Ihre Gedanken wären so öffentlich
wie Ihr Gesicht. Würden Sie dadurch genauer denken,
aus Vorsicht vielleicht auch langsamer, oder würden Sie
es bloß vermeiden, politisch unkorrekt zu denken?

*

Was brauchen Sie zusätzlich zu einer Einsicht, um
entsprechend zu handeln?

*

Gibt es eine bestimmte Methode, mit der Sie Hoffnung
erzeugen?

*

Glauben Sie, durch Hoffnung die Zukunft in irgendeiner Weise beeinflussen zu können?

*

Welche der unzähligen Nachrichtenmeldungen des
letzten Jahres hatte einen direkten Einfluss auf Ihr
Leben – indem Sie zum Beispiel persönlichen Schaden
abwehren oder einen Vorteil daraus ziehen konnten?

*

Welche Entdeckungen hätten Sie lieber nicht gemacht?

Denken

Wenn jemand Sie überzeugt, dass Sie sich geirrt haben, ändern Sie dann Ihre Meinung?

*

Wie gut sind Sie im Kleinhalten von Erwartungen?

*

Finden Sie es von Vorteil, dass man sich an fast alles erinnern kann? Oder würden Sie es vorziehen, im Anschluss an eine Erfahrung jeweils selbst entscheiden zu können, ob diese restlos gelöscht werden soll?

*

Wie deutlich korreliert die Stärke einer Erinnerung mit der Bedeutung dieser Erinnerung – und was schließen Sie daraus?

*

Möchten Sie die kollektive Erinnerung – jene, die zu den Anfängen Ihrer Sippe, Ihres Volkes, Ihrer Nation reicht? Oder erleichtert es Sie, dass Ihre Erinnerung erst nach Ihrer Geburt einsetzt?

*

Was ist anstrengender: Bedeutungen oder Wörter?

Denken

Nehmen Sie die Wahrheit nicht nur gedanklich, sondern auch körperlich wahr?

*

Inwiefern ist die Tatsache, dass Sie ein körperliches Wesen sind, für Ihr Denken bestimmend?

*

Wie viele Ihrer Gedanken werden mit dem Anspruch gedacht, relevant zu sein? Wie viele Gedanken denken Sie zum Vergnügen?

*

Gibt es Momente, in denen Sie weder an die Zukunft noch an die Vergangenheit denken?

*

Was fällt Ihnen einfacher: zu denken oder nachzudenken?

*

Angenommen, Sie könnten die Gefühle, die Sie vom klaren Denken und Handeln und damit von Ihrem Erfolg abhalten, unwiederbringlich ausschalten – Melancholie, Entrüstung, Antriebslosigkeit, Verzückung etc. Würden Sie es tun?

Denken

Fühlen Sie sich für das, was Ihnen einfällt, verantwortlich?

*

Woran denken Sie, wenn Sie etwas Schönes denken möchten?

*

In welchem Verhältnis steht die dafür aufgewandte Denkzeit zur Wichtigkeit der Frage – zum Beispiel wenn es um die Wahl der Automarke oder des Lebenspartners geht?

*

Gibt es Dinge, die Sie bewusst nicht denken, und wie machen Sie das?

*

Was glauben Sie, in welche Richtung wird sich das menschliche Bewusstsein im Verlauf der Evolution weiterentwickeln? Oder glauben Sie, wir hätten das kognitive Optimum bereits erreicht?

*

Was könnte die Evolution davon abhalten, einer Pflanze ein den Menschen übertreffendes Bewusstsein zu geben?

Denken

Wie oft denken Sie bei Kopfschmerzen an Gehirntumor?
Angabe des Alters.

*

Gibt es Bücher, Filme oder Zeitungsartikel, die Sie,
hätten Sie die Macht, zensieren würden?

*

Mit welcher Methode verhindern Sie, dass Gedanken
ins Unterbewusstsein sickern?

*

Wie tolerant darf ein denkender Mensch sein?

*

Wäre es Ihnen lieber, die Menschen würden sich stärker
in ihrem Aussehen unterscheiden als in ihrem Denken?

*

Wie viel ist Ihnen Erfahrung wert, die Sie nicht
verändert?

Beschreiben Sie in Stichworten die Vor- und Nachteile von Wahrheit.

Wissen

Wissen

Was wissen Sie mit Sicherheit?

*

Wissen Sie, was Sie wollen?

*

Auf welche Antworten hätten Sie gern eine Frage?

*

Unter welchen Umständen sind Sie bereit,
Ihre Gewissheiten zu ändern?

a) Unter dem Einfluss sich widersprechender Tatsachen.
b) Wenn sie aus der Mode gekommen sind.
c) Unter dem Einfluss von Autoritäten (Ehepartner,
   Geschäftsleitung, Consultant).
d) Unter neuen Lebensbedingungen
   (Ausland, Entlassung, Kinder, Scheidung, Konkurs).
e) Wenn sie Ihnen schaden.
f) Kurz vor dem Tod.

*

In welchen Fällen ziehen Sie Ahnung der Gewissheit
vor?

Wissen

Wie oft wissen Sie, was Sie im Augenblick denken?

*

Ganz allgemein: Wie lange gelingt es Ihnen zu
schweigen?

*

Möchten Sie Gedanken lesen können, falls die anderen
Ihre Gedanken ebenfalls lesen könnten?

*

Wie müsste eine Welt beschaffen sein, in der man
die Gründe für die Dinge sähe, so unmittelbar wie die
Dinge selbst?

*

Empfinden Sie es manchmal als eine Belastung, dass
Sie so viel wissen?

*

Was konkret hätten Sie als Höhlenmensch anders
gemacht als Ihre Mitmenschen, vorausgesetzt, Sie
hätten den heutigen Wissensstand, aber nur die Mittel
der damaligen Zeit?

*

Wie hoch sind die Opportunitätskosten von Bildung?

Wissen

Lesen Sie Bücher aus Prinzip zu Ende?

*

Welche Bücher sind für Sie wichtiger:

a) Die gelesenen?
b) Die noch ungelesenen?

*

Warum?

*

Wie groß ist Ihr Beharrungsvermögen gegenüber der Wahrheit?

*

Würde es Ihnen etwas ausmachen, wenn man den Inhalt Ihres Hirns nach Ihrem Tod wie eine Festplatte lesen könnte?

*

Angenommen, die einzige Möglichkeit, dem zu entgehen, wäre die physische Zertrümmerung des Gehirns. Wären Sie bereit, sich am Ende des Lebens kopfüber vom Dach eines Hochhauses zu stürzen?

In welcher Richtung
sind Sie besser: von der
Einsicht zur Handlung
oder von der Handlung
zur Einsicht?

Handeln

Handeln

Nach welchen Prinzipien wählen Sie Ihre Prinzipien?

*

Gibt es Zeitabschnitte in Ihrem Leben, die genauso gut
von einem Schauspieler hätten gespielt werden können?

*

Wäre das Leben für Sie einfacher, wenn Macht direkt
sichtbar wäre?

*

Kommen Sie vorwärts in Ihrem Leben, und woraus
schließen Sie das?

*

Was ist ausgeprägter: Ihre Fähigkeit oder Ihre
Bereitschaft, sich zu verändern?

*

Wie viel Unheil wurde schon dadurch vermieden,
dass Sie die Worte nicht fanden? Und wie viel dadurch,
dass Sie sie fanden?

*

Haben Sie die Tendenz, zu viel oder zu wenig zu reden?
Oder reden Sie gerade genug – nur Ihre Zuhörer haben
das Gefühl, Sie würden zu viel oder zu wenig reden?

Handeln

Wie gut muss etwas mindestens sein, damit Sie aufhören, im Guten das Schlechte zu suchen?

*

Wofür schämen Sie sich?

*

Wie präzise ist Ihre Scham? Gibt es Dinge, für die Sie sich geschämt haben, die sich heute, aus der Distanz betrachtet, als belanglos erweisen?

*

Angenommen, Sie hätten krankheitsbedingt noch genau sechs Monate zu leben, was würden Sie mit Ihrer Zeit anfangen?

*

Angenommen, nach sechs Monaten stellte sich heraus, dass Sie vollkommen geheilt sind. Würden Sie wieder Unergiebigkeiten aller Art akzeptieren, und, falls nicht, warum tun Sie es heute?

*

Glauben Sie, durch Ihre Existenz einen Beitrag zur Vermehrung des Glücks auf Erden zu liefern?

Gibt es Hobbys, die Sie hauptsächlich angenommen
haben, um andere zu beeindrucken?

*

Entsprechen Sie den Erwartungen:

a) Im Job?
b) Als Mann? Als Frau?
c) Als Mensch?

*

Wie verlässlich ist Ihre Angst? Das heißt: Wo entspricht
sie dem wirklichen Bedrohungspotential, und wo ist sie
zu groß oder zu klein?

*

Welche Erfahrungen hätten Sie bei korrekt adjustierter
Angst nicht gemacht?

*

Was schätzen Sie an einer Person mehr: Mut oder
Besonnenheit?

a) Bei Ihren Freunden
b) Bei Ihrem Lebenspartner
c) Bei Ihren Kindern
d) Bei Ihrem Friseur

Handeln

e) Bei Ihrem Vermögensverwalter
f) Bei einem Politiker
g) Bei einer Figur der Weltgeschichte

*

Wie viel mutiger möchten Sie sein?

*

Wenn Sie plötzlich den Mut verlieren: Empfinden Sie dies als Versagen oder eher als Weitblick?

*

Kennen Sie mutige Tiere?

*

Wie in das kalte Wasser steigen, so dass es am wenigsten schmerzt?

*

Falls Mut eine Frage der Risikoabwägung ist, warum bezeichnen Sie eine mutige Person nicht einfach als rationale Person? Oder wie viel Irrationalität braucht jemand, damit Sie ihn als mutig bezeichnen?

*

Wie gut sind Sie im Ausschließen von Überraschungen?

Handeln

Woran scheitern Sie häufiger: an zu viel oder zu wenig Mut?

*

Bewies die Natur Mut, indem sie den Menschen hat entstehen lassen?

*

Gesetzt den Fall, Sie könnten einen Tag in Ihrer Vergangenheit ungeschehen machen: Welcher wäre es? Und warum?

*

Wie überbrücken Sie die Kluft zwischen einer Einsicht und Ihrem tatsächlichen Leben?

*

Wie viele Leichen liegen in Ihrem Keller? Wie entsorgen Sie sie?

*

Falls Sie es tun: Warum tun Sie Gutes?

*

Würde ein Unbekannter aus der Beobachtung Ihres Handelns schließen können, was Ihnen wichtig ist?

Unter welchen Um-
ständen wären Sie bereit,
Ihr Glück zu verkaufen?

Glück

Glück

Wie gut sind Sie im Prognostizieren von Glück –
zum Beispiel im Hinblick auf eine Anschaffung (Sport-
wagen, Ferienwohnung, eine neue Beziehung etc.)?

*

Was genau am Glück macht glücklich?

*

Wann fühlen Sie sich authentischer: in den Momenten
des Glücks oder in den Momenten der Verzweiflung?

*

Wären Sie bereit, in gewissen Zeiten Ihres Lebens ein
Übermaß an Unglück in Kauf zu nehmen für ein
Übermaß an Glück? Oder besteht Lebensglück für Sie
gerade im Gleichmaß, in der Stille des Lebens?

*

Wissen Sie, was Sie glücklich macht? Oder ist Glück
für Sie unplanbar, und nehmen Sie deshalb an, es käme
von oben?

*

Welche Arten der Befriedigung kommen für Sie von
vornherein nicht in Frage?

Glück

Woran arbeiten Sie am liebsten, um Anspruch und Welt
in Deckung zu bringen?

a) An der Welt
b) An Ihren Ansprüchen, d.h. an sich selbst
c) An Ihrer Interpretation der Welt
d) An der Interpretation des Wortes »Deckung«

*

Genießen Sie Ihr Glück lieber allein oder in Gemeinschaft?

*

Wie hätten Sie Ihr Glück gern über das Leben verteilt?

a) Möglichst viel in jungen Jahren.
b) Gleichmäßig verteilt.
c) Möglichst viel im Alter.
d) Zufallsgesteuert, d.h., Sie möchten diese Verantwortung lieber nicht tragen.
e) Übertragung der Dosierung an einen Experten,
Coach, Consultant, Mentor, Therapeuten.
f) Sie glauben nicht an die Möglichkeit der Selbst-
bestimmung und unterlassen es, das Ihnen zustehende
Quantum Glück je einzusetzen.

Glück

Falls Enttäuschung das Resultat falscher Erwartungen ist, ist auch die Freude das Resultat falscher Erwartungen? Oder hat der Misserfolg einfach ein größeres Potential, Sie zu täuschen?

*

Fühlen Sie sich in irgendeiner Weise verpflichtet, wenn Sie besonders viel Glück empfangen haben?

*

Würde es Sie glücklicher machen, wenn Sie heute wüssten, was Sie in fünf Jahren glücklich machen wird?

*

Womit rechtfertigen Sie Ihr Glück?

a) Mit Unglück auf anderen Gebieten (körperliche Mängel, unstete Beziehungen, Liebeskummer) oder in anderen Zeiten (schwere Jugend, Krieg, Gefangenschaft etc.).

b) Mit Erbmasse, d.h. Veranlagung (überdurchschnittliche Intelligenz, Arbeitseifer, starke Nerven etc.).

c) Indem Sie sich von Gott oder anderen Mächten auserwählt fühlen.

d) Mit Zufall.

Glück

Wunschlos glücklich. Welcher Teil ist Ihnen wichtiger:
wunschlos zu sein oder glücklich?

*

Was würde sich ändern, wenn es Tieren auf einmal
in den Sinn käme, ebenfalls wie wild nach Glück zu
streben?

*

Wie viele Höhepunkte in Ihrem Leben sind gerecht-
fertigt?

*

Gibt es Momente, in denen Sie auch nach gründlicher
Introspektion keinen einzigen Grund finden, warum Sie
sehr glücklich sind, und bringt Sie das in Verlegenheit?

*

Wie viel Enttäuschung brauchen Sie, um für Glück
empfänglich zu sein?

*

Welches ist für Sie die kleinste Glückseinheit – jene,
mit der das Glück in bloße Annehmlichkeit übergeht?

Glück

Möchten Sie am Ende des Lebens wissen, was Sie sehr glücklich hätte machen können? Oder fürchten Sie, dass diese Erkenntnis Sie unglücklich machen könnte?

*

Wie viel Ihres Glücks oder Unglücks beruht auf der Absenz objektiver Glückskriterien?

*

Ist die Absenz von Leiden schon Glück?

*

Wo sehen Sie die größte Gefahr für Ihren Frohsinn?

*

Wann haben Sie das letzte Mal eine gute Flasche Wein ganz allein für sich getrunken?

*

Wie viel Glück verdanken Sie der Tatsache, dass der Sinn des Lebens noch nicht entdeckt wurde?

Was konkret erwarten Sie von der Liebe?

Liebe

Liebe

Glauben Sie, dass Sie für die Liebe geeignet sind,
und woraus schließen Sie das?

*

Was wäre schlimmer: wenn Sie sich nicht mehr
verlieben könnten oder wenn sich niemand mehr in Sie
verlieben könnte?

*

Was lieben Sie mehr: das Sich-Verlieben oder das
Verliebt-Sein?

*

Brauchen Sie Manifestationen der Liebe
(Briefe, Gesten), oder genügt es Ihnen zu wissen,
dass Sie geliebt werden?

*

Falls Sie geliebt werden: Glauben Sie zu wissen,
warum? Möchten Sie, dass man es Ihnen sagt?
Oder ziehen Sie es vor, den wahren Grund der Liebe
im Dunkeln zu lassen – vielleicht aus Angst vor der
Belanglosigkeit, Austauschbarkeit, Lächerlichkeit,
Peinlichkeit der Gründe?

Liebe

Worin liegt der Vorteil der Liebe gegenüber anderen
Arten menschlicher Gunst (Mitleid, Erbarmen,
Empathie, Zuneigung aus Vernunft)?

*

Wo und wann ist Liebe nicht gefragt?

*

Angenommen, die Liebe gäbe es nicht, sondern nur das
tierische Bedürfnis, sich zu paaren. Wie viel ehrlicher
und damit effizienter wäre die Evolution?

*

Wie groß ist Ihr erotisches Kapital?

*

Möchten Sie, dass die Liebe so endgültig wäre wie
der Tod, oder schätzen Sie ihre Unverbindlichkeit –
und wünschen Sie sich dieselbe Unverbindlichkeit
vom Tod?

*

Gibt es Hass auf den ersten Blick?

Liebe

Liefert für Sie das Aufflammen von Gefühlen, zum Beispiel beim Abschied von einer Person, die Sie lieben, einen Hinweis auf die Qualität (Größe, Tiefe, Zukunftsfähigkeit) dieser Liebe?

*

Glauben Sie, dass die Liebe

a) Wie ein Muskel ist, der sich durch den Gebrauch stärkt, oder
b) Wie ein Gelenk ist, das sich durch den Gebrauch abnutzt?

Falls a): Gibt es Beziehungen, die Sie wie Hantelgewichte einsetzen?

*

Wenn Sie lieben, lieben Sie mit Vorsatz?

*

Fällt es Ihnen leichter, sich in Ideen oder in Menschen zu verlieben?

*

Ist Liebe für Sie ein kulturelles und damit vergängliches Phänomen (wie zum Beispiel das Ritual der Menschenopfer) oder eine zutiefst biologische Eigenschaft (wie zum Beispiel der Stuhlgang)?

Liebe

Wen oder was lieben Sie mehr als sich selbst?

*

Gibt es Gründe, die Sie davon abhalten, sich selbst zu
lieben?

*

Wie stark schwankt die Liebe zu Ihrem Lebenspartner
mit

a) Seinem Körpergewicht?
b) Seinem Erfolg?
c) Seiner Zuneigung zu Ihnen (d. h. der Absenz seiner
   Zuneigung zu anderen)?
d) Seiner Attraktivität ganz allgemein?
e) Ihrer Attraktivität?

*

Wenn Sie geliebt werden: Erzeugt dies Ihrerseits das
Bedürfnis zu lieben?

*

Gibt es Städte, Länder oder Kontinente, die Sie meiden,
weil sie Sie an eine vergangene Liebe erinnern? Wenn
ja, welche?

Liebe

Unter dem Strich: Ist die Liebe, die Sie bisher erfahren
haben, für die Erreichung Ihrer Lebensziele förderlich?

*

Würden Sie die ungeschlechtliche Fortpflanzung
(zum Beispiel: Sie zupfen sich ein Haar aus, legen es in
die Erde, und daraus wächst Ihre Tochter / Ihr Sohn)
der geschlechtlichen vorziehen? Als Frau? Als Mann?

*

Ist das, was die Biene mit der Blüte hat, Liebe?

Könnten Sie Ihren gegenwärtigen Lebenspartner weiterempfehlen?

Beziehungen

Beziehungen

Gibt es Beziehungen, die Sie nur deshalb eingegangen
sind, um eine andere zu vergessen?

*

Möchten Sie von vornherein wissen, wie sich eine
Beziehung entwickeln wird, wie lange sie dauern und
woran sie scheitern wird? Oder möchten Sie es lieber
nicht wissen? Warum?

*

Steigert eine neue Beziehung Ihre Bereitschaft,
sich zu verändern? Oder entfällt mit einer Beziehung
der Grund, sich zu verändern?

*

Wenn es zu Diskussionen in der Partnerschaft kommt,
welche sind einfacher zu lösen: jene, in denen es ums
Geld geht, oder jene, in denen es nicht ums Geld geht?

*

Welche Ihrer vergangenen Beziehungen würden Sie als
»geglückt« bezeichnen?

*

Gibt es Beziehungen, die Sie hauptsächlich eingegangen
sind, um sich selbst zu erleben?

Beziehungen

Empfehlen Sie jemandem, bevor er den Job kündigt, bereits eine neue Stelle gesichert zu haben? Was empfehlen Sie in Bezug auf Beziehungen?

*

Was fällt Ihnen schwerer: eine Beziehung zu beenden,

a) Weil Sie sie beenden möchten oder
b) Weil Sie bereits eine neue angefangen haben?

*

Wie oft genügt Ihnen der kleinste gemeinsame Nenner, zum Beispiel im Bett?

*

Welche Art von Beziehung wäre Ihnen die angenehmste?

*

Angenommen, Sie hätten genau einmal die Möglichkeit, Ihre heutige Beziehung ohne die geringste Nebenwirkung ungeschehen zu machen. Hätten Sie von dieser Möglichkeit schon Gebrauch gemacht?

Beziehungen

Bei Ihren gescheiterten Beziehungen:

a) Wie oft wussten Sie schon von Anfang an, dass sie scheitern würden?

b) Bei welchen wussten Sie es, wollten es aber nicht wahrhaben?

c) Bei welchen wussten Sie es, hofften aber auf die Veränderungsfähigkeit Ihres Partners (also auf die Sympathie des Schicksals)?

d) Bei welchen hätten selbst Sensibilität und ein klarer Kopf zu Beginn keinen Hinweis auf ihre Zerbrechlichkeit geliefert?

*

Nobelrestaurant mit Kerzenlicht. Nach einer langen Pause bittet Ihre Frau: »Sag du mal was!«

a) Sie erzählen irgendwas, damit etwas gesagt ist.

b) Sie geben offen zu, was der Realität entspricht, dass Sie nämlich nichts zu sagen haben, und schweigen weiter.

c) Sie verweisen auf den Nachbartisch, wo man durch aufmerksames Zuhören einiges erfährt (aber nur, wenn man selbst schweigt).

d) Sie verlangen die Rechnung.

Beziehungen

e) Sie verschwinden auf die Toilette und lesen dort
die Zeitung.

*

Gibt es Beziehungen, die Ihnen nichts gebracht haben
als die Erinnerung daran?

*

Gesetzt den Fall, es gibt mit Bestimmtheit den einen
für Sie idealen Lebenspartner (den perfekten Mann, die
perfekte Frau), den Sie auch mit Bestimmtheit einmal
in Ihrem Leben treffen werden. Wie verhalten Sie sich
Ihrem gegenwärtigen imperfekten Lebenspartner
gegenüber?

a) Sie behalten sich im Stillen das Recht vor, sich
von Ihrem gegenwärtigen Partner zu trennen.
Schließlich geht es um Ihr Glück.

b) Sie nehmen sich vor, sich nicht zu trennen und
das relative Unglück für den Rest Ihres Lebens auf
sich zu nehmen aus Rücksicht, Anstand oder
Tradition.

c) Sie definieren den idealen Menschen als konkretes
Entwicklungsziel für Ihren aktuellen Partner.

d) Sie nehmen sich vor, auf jeden Fall mit dem idealen Partner in Kontakt zu bleiben (mit oder ohne Wissen Ihres aktuellen Partners), als Fallback-Position im Falle von Streit, Ehebruch oder Tod Ihres aktuellen Partners.

e) Sie lassen sich alle Optionen offen in der Hoffnung, der perfekte Mann (die perfekte Frau) werde Ihre Seele so fundamental umpflügen, dass sämtliche Pläne von vornherein zum Scheitern verurteilt sind.

*

Wie möchten Sie, dass Ihr aktueller Lebenspartner in diesem Fall entscheidet?

Wenn der Sex schlecht war: Wie sagen Sie es Ihrem Partner?

Sex

Sex

Was würden Sie für dauerhaft guten Sex eintauschen?

a) Ihre Karriere
b) Ihr Aussehen
c) Ihren Ehepartner
d) Die letzten zehn Jahre Ihres Lebens
e) 10 Punkte Ihres Intelligenzquotienten

*

Möchten Sie den totalen Orgasmus, der alles vernichtet, selbst die Erinnerung daran?

*

Wem geben Sie die Schuld, wenn es zu keinem Orgasmus kommt?

*

Hat die Bedrohung durch Aids Sie moralischer gemacht?

*

Woran erkennen Sie, dass eine Frau, wenn sie offen über Sex spricht, auch dazu bereit ist, und woran erkennen Sie das Gegenteil?

Sex

Was wäre am Sex prinzipiell zu verbessern?

a) Die Intensität
b) Die Häufigkeit
c) Die Dauer
d) Die Art der Ausübung
e) Die Bedeutung

*

Welcher Orgasmus ist Beweis für Ihre Männlichkeit –
Ihrer oder der Ihrer Frau?

*

Gelingt es Ihnen, zwischen einem echten und einem
gespielten Orgasmus zu unterscheiden, und schreiben
Sie diese Fähigkeit Ihrer Sensibilität oder dem
mangelnden schauspielerischen Talent Ihrer Partnerin
zu?

*

Wäre es Ihnen lieber, wenn die Frau, wie der Mann,
keinen Orgasmus vortäuschen könnte, oder ist diese
Fähigkeit der Frau eine Art Versicherung, dass das
sexuelle Erlebnis, zumindest für Sie als Mann, keine
totale Katastrophe werden kann?

Sex

Ist Ihrer Meinung nach die Frau in der Pflicht, den
Orgasmus vorzutäuschen, wenn es zu keinem kommt?

*

Falls Sie (als Mann) und eine Ihnen unbekannte Frau
nach einem Schiffbruch allein auf einer Insel gestrandet
wären: Wie hässlich oder alt müsste die Frau sein,
damit es zu keinem Sex kommt?

a)   Nach einem Tag
b)   Nach einer Woche
c)   Nach einem Jahr

*

Ab welchem Punkt verlieren Sie Ihre Selbstachtung?

*

Wie groß ist der Aufwand, den Sie täglich betreiben
müssen, um weiterhin tadellos vor sich selbst zu
bestehen?

*

Wie schlecht war Ihr erster Sex?

*

Wie viel Sex brauchen Sie, um sich bestätigt zu fühlen?

Sex

Möchten Sie wissen, mit welchen Männern / Frauen Ihr
Lebenspartner schon geschlafen hat?

*

Ist Freundschaft, enge Freundschaft, mit einer Person
des anderen Geschlechts ohne Aussicht auf Sex für Sie
überhaupt denkbar? Zerbricht die Freundschaft jeweils,
sobald diese Aussicht nicht mehr besteht? Oder ist es
gerade die Abwesenheit dieser Aussicht, die eine
Freundschaft erst ermöglicht, und alles andere ist bloße
Balz? Und falls ja: Was macht Sie glücklicher: die
Freundschaft oder die Balz?

*

Erinnern Sie sich an die Namen all Ihrer Geschlechts-
partner?

*

Was wäre Ihnen peinlicher: von der Partnerin a) beim
Fremdgehen oder b) beim Onanieren überrascht zu
werden?

*

Wie viele Stunden Konversation brauchen Sie im
Durchschnitt, bis es zum Sex kommt?

Wie hat sich die Dauer des Vorspiels im Lauf Ihrer
Beziehung entwickelt?

a) Weniger Vorspiel (Sie sind effizienter geworden)
b) Mehr Vorspiel
c) Nur noch Vorspiel

*

Wie hätte sich das Leben auf der Erde im Verlauf der
letzten 100 Millionen Jahre entwickelt, hätten Tiere die
gleichen sexuellen Schwierigkeiten wie Menschen?

*

Wie viel Ihrer Befriedigung besteht darin, Ihren Partner
befriedigt zu haben?

*

Könnten Sie sich in weiblicher/männlicher Ausführung
vorstellen?

*

Finden Sie den Aufwand des Vorspiels im Verhältnis
zum Orgasmus angemessen?

a) Für den Mann
b) Für die Frau

Sex

Wie viele sexuelle Stellungen kennen Sie? Wie viele kennt Ihre Frau/Ihr Mann?

a) Wie groß ist die Schnittmenge?
b) Wie aufregend ist die Schnittmenge?

*

In welcher Stellung kommen Ihnen die besten Ideen?

*

Wie lange hält bei Ihnen das Glücksgefühl nach erfolgtem Sex an?

*

Wird der Sex besser oder schlechter über die Jahre, und führen Sie das auf sich oder Ihren Partner zurück?

*

Welche Bestätigung ist Ihnen die wichtigste?

a) Die sexuelle
b) Die finanzielle
c) Die moralische

*

Glauben Sie, Sie werden es ahnen, wenn Sie den allerletzten Orgasmus erleben?

Sex

Könnten Sie sich eine Zivilisation ohne Sex vorstellen,
in der man als Zeichen gegenseitiger Zuneigung und
Befriedigung zum Beispiel Lieder singt oder zusammen
Goldfische züchtet?

Lieben Sie sich noch, oder mögen Sie sich schon?

Ehe

Wie kommen Sie mit Ihren Versuchen in diesem so teuren und zerbrechlichen Experimentierkasten der Ehe voran?

*

Stellen Sie Ihre Ehe in Form eines Organigramms dar.

*

Wie haben Sie Ihre Frau / Ihren Mann rekrutiert?

*

Ist Ihre Ehe am ehesten vergleichbar mit:

a) Einer Akquisition?
b) Einem Joint Venture?
c) Einer strategischen Allianz?
d) Einem Reverse Takeover?
e) Einem Sanierungsfall?

*

Kennen Sie die Allgemeinen Geschäftsbedingungen Ihres Lebenspartners, und haben Sie sie mit dem Jawort automatisch akzeptiert?

*

Welche Führungsprinzipien wenden Sie zu Hause an?

Ehe

Falls Ihr Lebenspartner Sex als Zahlungsmittel in der Beziehung einsetzt: Wie gut ist die Zahlungsmoral?

*

Angenommen, die Ehe wäre ein ökonomisches Gut:

a) Wie viel hätten Sie für Ihre Frau/Ihren Mann bezahlt?
b) Wie viel würden Sie jetzt, nachdem Sie sie/ihn ausgiebig kennen und gebraucht haben, bezahlen?

*

Falls Ihr Lebenspartner Mängel aufweist, warum wurden sie vorher nicht entdeckt? Oder entstanden sie erst nachträglich, also durch das Zusammenleben mit Ihnen?

*

Gibt es die Vernunftehe, oder ist der Begriff von vornherein ein Widerspruch?

*

Wie überzeugen Sie (als Mann) Ihre Frau am effizientesten?

a) Durch Logik.
b) Durch Bestechung (zum Beispiel die neueste Roberto-Cavalli-Kollektion).

Ehe

c) Durch liebes Zureden.

d) Indem Sie die Freunde Ihrer Frau überzeugen oder, falls Sie Kinder haben, Ihre Kinder bestechen.

e) Durch Drohung (zum Beispiel mit Scheidung).

f) Indem Sie den Beleidigten spielen, bis Ihre Frau nachgibt.

g) Durch Geben und Nehmen, indem Sie zum Beispiel einen Deal vorschlagen (Strand- statt Golfurlaub).

h) Durch Theatralik, indem Sie allerlei Konsequenzen heraufbeschwören.

i) Durch Liebesentzug.

j) Durch das Zurschaustellen von Gefühlen (echten oder unechten).

k) Durch Verweis auf Beispiele, wo Ihr Vorschlag bereits umgesetzt ist (Nachbarschaft, Hollywood-Stars, Beispiele aus Romanen).

l) Kraft Ihrer Stellung als Herr des Hauses.

m) Durch Appelle an eine höhere Vernunft oder übergeordnete Moral.

n) Mit einer Powerpoint-Präsentation.

o) Unter Hinweis auf Tradition.

p) Durch Beschwörung eines oder mehrerer Götter, auf dass sie Einfluss auf Ihre Frau nehmen.

q) Durch schnelles, entschiedenes Handeln.

Ehe

Wie regelmäßig führen Sie Mitarbeitergespräche mit Ihrem Lebenspartner?

*

Was ist Ihnen bis heute in der Ehe erspart geblieben?

*

Angenommen, die Ehe wäre nie erfunden worden. Wie würden Sie als Herrscher (Stammesführer, Gott, Papst, König, Präsident etc.) das Verhältnis der Geschlechter zueinander reglementieren, damit es nicht zum Chaos kommt?

*

Welche Resultate haben Sie sich bestenfalls von der Ehe erhofft?

*

Gibt es Bereiche Ihres Ehelebens, die Sie lieber outsourcen würden?

*

Welcher Teil Ihrer Ehe würde sich als Film eignen (hinsichtlich Spannung, Farbigkeit, Überraschungen, künstlerischer Elemente)?

Ehe

Welches Geräusch entspricht Ihrer Ehe am besten?

a) Beethovens Eroica
b) Eine gutgeölte Spielorgel
c) Schallplatte mit einem Sprung
d) Toilettenspülung
e) Kinderlied
f) Das Besetztzeichen des Telefons

*

Wie viel Wahrheit verträgt eine gute Ehe?

Schlafen Sie gern mit Ihrer Frau/Ihrem Mann in einem Bett?

Frau & Mann

Angenommen, Gott offeriert Ihnen heute die Traumfrau (den Traummann) mit der Garantie, dass Sie mit ihr (ihm) bis ans Ende des Lebens eine glückliche Beziehung haben werden. Würden Sie Ihren gegenwärtigen Lebenspartner gegen die offerierte Person eintauschen? Warum? Warum nicht?

*

Würden Sie Ihrer Frau / Ihrem Mann Ihre American-Express-Karte überlassen, ohne Fragen zu stellen?

*

Von einer Beziehung zur nächsten: Welche Elemente Ihrer Marketingkampagne wechseln Sie aus, welche behalten Sie bei?

*

Wie sachlich gehen Sie mit Ihrer Frau / Ihrem Mann um?

*

Fühlt sich Ihr Lebenspartner am ehesten als

a) Geliebte / Geliebter?
b) Vorgesetzte / Vorgesetzter?
c) Angestellte / Angestellter?
d) Produkt?

e) Abfallprodukt?
f) Rohmaterial?
g) Kostenstelle?

*

Wie wichtig ist Ihnen Männlichkeit in einer Welt,
in der es weder biologisch noch verteidigungstechnisch
noch beruflich darauf ankommt?

*

Bedrückt es Sie als Mann, dass bei bestimmten
Spinnenarten das Weibchen das Männchen nach der
Begattung auffrisst, und hätten Sie es lieber umgekehrt?

*

Wissen Sie, was Ihr Lebenspartner von Ihnen erwartet?

*

Welche Key Performance Indicators (KPI) haben Sie für
Ihren Lebenspartner definiert?

Frau & Mann

Angenommen, Ihre Frau (Ihr Mann) hat die unange-
nehme Eigenschaft, immer leicht verspätet zu sein.
Sie sind um 20 Uhr zu einem Abendessen bei Freunden
eingeladen.

a) Sie sagen Ihrer Frau, das Abendessen sei auf 19:30
Uhr angesetzt. Sie belügen Ihre Frau.

b) Sie rufen den Gastgeber an, dass es leider uner-
wartet zu einer Verspätung kommen wird, 20:30
Uhr, ein Meeting in allerletzter Minute, der Chef
usw. Sie belügen Ihren Gastgeber.

c) Sie schärfen Ihrer Frau ein, dass sie diesmal,
wenigstens dieses eine Mal, pünktlich sein möchte.
Sie flehen um eine Ausnahme.

d) Sie gehen dem Problem auf den Grund. Sie suchen
das Gespräch und legen alle Gründe auf den Tisch,
warum es so nicht weitergehen kann, dass Pünkt-
lichkeit in diesem Land einen Stellenwert genießt,
der über dem des Guten, Wahren und Schönen liegt.

e) Sie schlagen Ihrer Frau einen Deal vor: Pünktlich-
keit gegen eine Louis-Vuitton-Handtasche.

f) Sie stellen ihre sämtlichen Uhren (inklusive der
Küchen- und Backofenuhr) um eine halbe Stunde
vor.

Frau & Mann

g) Sie kapitulieren. Mit der Zeit werden Ihre Freunde
von sich aus die Einladungen um eine halbe Stunde
früher ankündigen.

h) Sie tauschen Ihre Frau gegen eine pünktliche ein.

*

Wie oft braucht es eine Powerpoint-Präsentation, damit
Ihr Lebenspartner Sie endlich versteht?

*

Wie viel Gefühl müssen Sie in die Beziehung ein-
bringen, damit sie von Ihrem Partner / Ihrer Partnerin
noch als Beziehung angesehen wird?

*

Was ist für Sie anstrengender – zum Beispiel in einer
Beziehung:

a) Die Erzeugung von Gefühlen?

b) Die Unterdrückung von Gefühlen?

*

Wie lange würden Sie es aushalten, wenn Ihr Lebenspartner unfehlbar wäre?

Frau & Mann

Wer hat mehr Geduld: Sie mit Ihrem Lebenspartner
oder Ihr Lebenspartner mit Ihnen?

Mit wem, außer Ihrer Affäre, reden Sie über Ihre Affäre?

Affären

Affären

Wie viele Ihrer Affären finden in der Phantasie statt –
und wie viele leben Sie aus?

*

Wo beginnt der Ehebruch?

a) Beim Gedanken an eine andere (einen anderen)?
b) Beim ersten Abendessen mit einer anderen (einem anderen)?
c) Beim ersten Abendessen mit einer anderen (einem anderen), das man zu Hause als Geschäftsessen verkauft?
d) Wenn man einer fremden Frau Blumen (einem fremden Mann Zigarren) schenkt – ohne dass sie (er) im Krankenhaus liegt?
e) Bei der ersten Umarmung respektive beim ersten Kuss?
f) Beim Geschlechtsverkehr?
g) Beim wiederholten Geschlechtsverkehr?
h) Beim Geschlechtsverkehr mit der eigenen Frau (dem eigenen Mann), während man an die andere (den anderen) denkt?

Affären

Was interessiert Sie an einer jungen Frau am meisten?

a) Ihre Verspieltheit.
b) Die Tatsache, dass ihre Zukunft noch offen ist.
c) Die Verstiegenheit ihrer Lebenspläne.
d) Dass sie Ihnen nicht glaubt, wenn Sie behaupten, ihre Lebenspläne seien verstiegen.
e) Überhaupt die Tatsache, dass sie weniger weiß als Sie.
f) Ihr Körper.

*

Welche Komplimente einer Frau/eines Mannes verunsichern Sie?

*

Nach wie vielen Affären beginnen Sie, sich finanz-technisch optimal zu verhalten – in Bezug auf Ihr Haus, das gemeinsame Konto mit Ihrem Lebenspartner, das Erbe?

*

Womit glauben Sie Frauen/Männer am meisten zu imponieren?

*

Brauchen Sie die real existierende Frau zur Bestätigung Ihrer Männlichkeit, oder genügt Ihnen die Phantasie?

Affären

Wie gut sind Sie imstande, die Tränen einer Frau/
eines Mannes zu ertragen?

*

Glauben Sie, dass die Anzahl Affären die Startbedingun-
gen im nächsten Leben in irgendeiner Weise beeinflusst?

*

Nimmt Ihr Wissen, das andere Geschlecht betreffend,
mit der Anzahl Ihrer Affären zu oder ab?

*

Nach wie vielen Affären haben Sie es aufgegeben, nach
Treue streben zu wollen?

*

Wenn Sie mit einer Frau/einem Mann ein Hotelzimmer
beziehen, wie richten Sie sich ein? Übernehmen Sie die
Seite, die Sie von zu Hause gewohnt sind (zum Beispiel,
Sie schlafen immer auf der Seite des Fensters), oder
gerade nicht?

*

Folgen Sie einem Rezept, mit dem Sie Frauen/Männer
zum Geschlechtsverkehr überzeugen, oder improvisieren
Sie lieber?

Affären

Ihr Lebenspartner hat Sie betrogen. Wie würden Sie es am liebsten erfahren?

a) Direkt aus dem Mund Ihres Lebenspartners, sachlich.
b) Direkt aus dem Mund Ihres Lebenspartners, weinend.
c) Direkt von Ihrem Lebenspartner – einige Zeit, nachdem die Affäre vorbei ist.
d) Über Umwege.
e) Von demjenigen, mit dem er Sie betrogen hat.
f) Brieflich.
g) Aus der Zeitung.
h) Gar nicht.

*

Weiß die Person, mit der Sie Affären haben, jederzeit, dass es sich um reine Affären handelt – oder lassen Sie sie absichtlich im Glauben, dass es mehr sein könnte? Oder ist es mehr, aber Sie deklarieren das Verhältnis absichtlich als Affäre, um sich vor einer möglichen Enttäuschung zu schützen?

*

Verlieren Sie Vertrauen in einen Geschäftspartner, der seine Frau betrügt? Warum? Warum nicht?

Affären

Wie oft geht Ihr Hund fremd?

*

Ab welchem Alter haben Sie begonnen, Freundschaften
ernster zu nehmen als Affären?

Wenn Sie lügen, ohne
zu wissen, dass Sie
lügen, lügen Sie dann?

Lügen

Lügen

Mögen Sie Ihre Geheimnisse?

*

Wie viele Geheimnisse tragen Sie momentan mit sich
herum?

*

Wie viele davon haben Sie bereits vergessen?

*

Stört es Sie, wenn Sie Geheimnisse vergessen, oder
beglückt es Sie, weil es Sie von der Aufgabe befreit,
ständig daran zu denken?

*

Hüten Sie Geheimnisse vor sich selbst?

*

Ist ein Geheimnis, dessen Inhalt sich nachträglich als
Unwahrheit herausstellt, noch immer ein Geheimnis?

*

Ganz allgemein: Wie spontan ist Ihr Verhältnis zur
Wahrheit?

Lügen

Nennen Sie diejenigen Personen, denen Sie restlos vertrauen.

*

Bei wem stünden Sie auf der Liste?

*

Darf man jemanden, der einen belügt, belügen?

*

Welches Vertrauen bringen Sie Haustieren entgegen?

*

Wen belügen Sie gelassener: die anderen oder sich selbst?

*

Ist jemand, der Ihnen etwas verschweigt, ein Lügner?

*

Wem verzeihen Sie eine Lüge leichter: den anderen oder sich selbst?

*

Welche der folgenden Lügen ist von allen die schlimmste?

a) Die Notlüge
b) Die Geschichtslüge (z. B. Auschwitzlüge)

c) Die Bilanzfälschung

d) Das Plagiat

e) Die Orgasmuslüge

f) Die Liebeslüge

g) Die Lebenslüge

*

Wenn Sie lügen, lügen Sie vorsätzlich? Oder rutschen Sie in die Lüge hinein wie das Schiff ins Packeis, d. h. langsam und unmerklich, im Laufe der Konversation?

*

Ist die Lüge, die ohne Konsequenz bleibt, keine Lüge, zum Beispiel, weil sie vom Belogenen nicht in Betracht gezogen wird, vergleichbar mit einer falschen Wetterprognose für ein Land, das man nicht besucht?

*

Wenn jemand Sie fragt: »Wie geht's?« – wie ausführlich müsste eine Schilderung ausfallen, damit sie nicht gelogen ist?

*

Welches war die beste Ausrede Ihres Lebens?

*

Welches war die schlechteste?

Lügen

Wie oft werden Sie belogen:

a) Von Personen, die Sie kennen?
b) Von Personen, die Sie nicht kennen – zum Beispiel von Marketingspezialisten aus aller Welt?

*

Ist die Lüge, die Ihnen Vorteile verschafft, ohne jemandem zu schaden, verwerflich? Warum? Warum nicht?

*

Wie oft darf die Notlüge eingesetzt werden, bis sie ihren heiteren Status verliert?

*

Welche Fehler würden Sie nie zugeben?

*

Im Durchschnitt wie lange müssen Sie lügen, bis die Lüge für Sie zur Wahrheit wird?

*

Wurden Sie schon zur Lüge gezwungen, zum Beispiel von Ihren Vorgesetzten?

Lügen

In welchem Alter beginnt das Kind zu lügen?

*

In welchem Alter hört man damit wieder auf?

*

Kennen Sie Länder, in denen öfter und freier gelogen
wird als in Ihrer Heimat?

*

Lügt das Chamäleon?

*

Wären Sie ohne Lüge und ohne Übertreibung da,
wo Sie heute sind?

Angenommen, Sie könnten neue Gefühle entwickeln, ähnlich einem Chemiker, der neue Substanzen kreiert. Welches Gefühl würden Sie erschaffen?

Gefühle

Gefühle

Kennen Sie vollkommen wertlose Gefühle?

*

Welche emotionalen Schmerzen würden Sie bereitwillig
gegen physische eintauschen?

*

Verlieren Sie Ihre Selbstachtung, wenn Sie merken,
dass Ihre Handlungen durch Begierden motiviert sind?
Oder bestärkt es Sie darin, die Dinge umso zielstrebiger
anzugehen?

*

Wie oft verspüren Sie Wut, für die Sie keinen Anlass
finden?

*

Ärgern Sie sich lieber über Vergangenes oder Zukünf-
tiges?

*

Wie gut gelingt es Ihnen, Ungewissheit zu ertragen, ohne
sie durch Emotionen (Hoffnung, Angst etc.) zu füllen?

*

Welches wäre das ideale Mischungsverhältnis zwischen
Vernunft und Gefühl?

Gefühle

Welches Gefühl zeigt Ihnen an, ob in einer bestimmten Situation der Vernunft oder dem Gefühl Vorrang gegeben werden soll?

*

Beschreiben Sie Ihr erstes Gefühl überhaupt.

*

Gibt es Erinnerungen an Gefühle, die Sie mit Glück erfüllen, wann immer Sie daran denken? Oder sind diese Gedanken von vornherein ein bisschen mit Trauer verbunden, weil es sich um Vergangenes handelt?

*

Können Sie sich Gefühle vorstellen, die weit mächtiger sind als die, die Sie je erlebt haben, Gefühle, die im Verlauf der Evolution des Menschen ausgestorben sind, weil sie nichts zu dessen Überleben beigetragen haben?

*

Langweilen Sie sich lieber allein oder in Gesellschaft?

Gefühle

Ist für Sie, als rationaler Mensch, das Gefühl:

a) Verunreinigtes Denken?
b) Romantische Folklore?
c) Ein Mittel zur Entscheidung belangloser Dinge –
    zum Beispiel McDonald's oder Burger King?
d) Eine Instanz zur Entscheidung ganz wichtiger
    Dinge?
e) Der Lebenssinn schlechthin?
f) Ein Überbleibsel aus dem Tierreich?
g) Etwas für die Pubertät?

*

Glauben Sie, dass Gott mit Ihnen fühlt?

*

Gibt es Gefühle, an denen Sie erkennen, dass Sie im
Unrecht sind?

*

Wären Sie bereit, auf Gefühle zu verzichten, um
vernünftiger zu werden?

*

Woher wissen Sie, dass Vernunft kein Gefühl ist?

Wie bedanken Sie sich
für ein Geschenk,
das Ihnen nicht gefällt?

Geschenke

Geschenke

Empfinden Sie Bargeld als Geschenk unanständig?
Warum? Warum nicht?

*

Was ist Ihnen lieber: ein brauchbares Geschenk oder
eines, das von Herzen kommt?

*

Wonach richtet sich der Wert Ihrer Geschenke?

a)   Nach Ihrer finanziellen Situation.
b)   Nach der finanziellen Situation des Beschenkten.
Falls b): Ist das Geschenk umso teurer, je wohlhabender
der Beschenkte, oder umgekehrt?

*

Sind Sie mit Trinkgeldern großzügiger, wenn Ihre Frau
(Freundin) dabei ist?

*

Inwiefern ist das, was man sich selber schenkt, etwas
anderes als ein Kauf?

*

Wie oft muss es passieren, dass kein Gegengeschenk
kommt, bis Sie aufhören, den Betreffenden zu
beschenken?

Geschenke

Wie lange kann ein einfaches »Danke« ein Gegengeschenk ersetzen?

*

Empfinden Sie das, was Ihnen geschenkt wurde, als Ihnen weniger zugehörig als das, was Sie sich erarbeitet haben? Und falls ja: Glauben Sie, dass ein Geschenk eine geringere Kraft hat, Eigentum zu suggerieren, und können Sie sich auch dementsprechend leichter von Geschenken trennen?

*

Gibt es Personen, von denen Sie kein Geschenk annehmen würden?

*

Wie würden Sie sich als Bettler für Almosen bedanken? Und glauben Sie, dass Sie durch die Art des Sichbedankens den Cashflow optimieren könnten?

*

Wie lange behalten Sie im Durchschnitt ein nutzloses Geschenk, bevor Sie es wegwerfen?

Geschenke

Haben Sie Hemmungen, ein Geschenk weiterzuver-
schenken? Wenn ja, warum?

*

Wie steht es damit, wenn es sich um ein Geschenk
handelt, das Ihnen nicht gefällt?

*

Haben Sie jemals Geschenke bekommen, die Hass
ausgelöst haben?

*

Inwiefern ist das Erbe kein Geschenk?

*

Wie oft schenken Sie strategisch?

*

Wie entsorgen Sie unrealisierbare Wünsche?

*

Wären Sie, der Einfachheit halber, damit einverstanden,
Weihnachten nur noch alle zwei Jahre zu feiern?

Geschenke

Was an Weihnachten würden Sie am ehesten so lassen?

a) Die Geschenke
b) Die Jahreszeit
c) Den Rummel
d) Das ideologische Erbe
e) Die Lieder

*

Beurteilen Sie die Gaben, die die Drei Könige anlässlich Jesu Geburt mitgebracht haben (Gold, Weihrauch, Myrrhe) als sinnvolle Geschenke? Ganz konkret, was hätten Sie mitgebracht?

*

Warum schenken sich Tiere nichts?

*

Wie oft schenken Sie, um zu signalisieren, dass Sie an die betreffende Person gedacht haben? Wenn ja: Warum sagen Sie es dieser Person nicht direkt, dass Sie an sie gedacht haben? Oder fällt es Ihnen leichter, Geschenke zu finden statt Worte?

Geschenke

Empfinden Sie die Tatsache, dass Sie existieren, als
Geschenk, und wenn ja, von wem?

Wie oft verwechseln Sie Talent mit Erfolg?

Erfolg

Erfolg

Wie viel Erfolg brauchen Sie ganz persönlich?

*

Wenn Sie Erfolg haben: Glauben Sie, dass Sie ihn
verdient haben, und woraus schließen Sie das?

*

Wäre es Ihnen lieber, wenn Erfolg durch den Input
(Anstrengung, Arbeit, Schweiß) statt durch den Output
(Karriere, Reichtum, Ruhm) definiert wäre?

*

Wenn man nachweisen könnte, dass Ihr Erfolg
weitgehend Resultat einer Reihe von Zufällen ist:
Würde dies Ihr Selbstbewusstsein schmälern oder im
Gegenteil noch steigern, da Sie sich von einer
unsichtbaren Macht besonders auserwählt glaubten?

*

Wenn wir die Welt betrachten, so wie sie ist, die Vege-
tation, die Gebirge, die Meere, so fällt es uns schwer,
irgendwo Erfolg zu sehen, es sei denn, man nähme die
Tatsache, dass die Welt existiert, als Erfolg. Wie und
wann, glauben Sie, kam der Erfolg in die Welt, und soll
man jenen Tag verfluchen?

Erfolg

Wäre die Welt eine bessere, wenn alle Erfolg hätten?

*

Was stimmt Sie nachdenklicher: der unerwartete Misserfolg oder der unerwartete Erfolg? Warum?

*

Falls Sie vom Leben lernen, sollte Ihr Erfolg mit zunehmendem Alter zunehmen respektive der Misserfolg abnehmen. Ist das bei Ihnen der Fall?

*

Ist ein Künstler, dessen Werk erst nach seinem Tod Bekanntheit erlangt, ein erfolgreicher Künstler?

*

Gibt es Erfolg, für den niemand verantwortlich ist?

*

Falls Sie noch jung sind: Möchten Sie heute wissen, wie erfolgreich oder erfolglos Sie in Ihrem Leben sein werden? Falls Sie alt sind: Möchten Sie, dass man Ihnen sagt, wie erfolgreich oder erfolglos Sie tatsächlich gewesen sind?

Erfolg

Gibt es Erfolge, die Sie, wenn sie bei Ihren Nachbarn auftreten, in Nervosität versetzen?

*

Wären Sie manchmal lieber ein schlechter Gewinner als ein guter Verlierer?

*

Worum beneidet man Sie?

*

Deckt es sich mit dem, worum Sie beneidet sein möchten?

*

Was würden Sie für einen Nobelpreis hergeben?

a) Ihr gesamtes Vermögen.
b) Ihren Lebenspartner.
c) Ihre Gesundheit – indem Sie zum Beispiel einen Prostatakrebs auf sich nähmen.
d) Die Fähigkeit zu lachen.

*

Kennen Sie Personen, deren Nicht-Erfolg geradezu ihren Erfolg begründet?

Erfolg

Kennen Sie Personen, die sich dem Erfolg absichtlich verweigern?

*

Wenn Sie scheitern, liegt es jeweils an der Konzeption oder an der Durchführung? Oder liegt es an der Vermischung der beiden, d. h., Sie beginnen umzusetzen, während Sie konzipieren, und umgekehrt?

*

Woraus lernen Sie mehr?

a) Aus Erfolgen
b) Aus Misserfolgen
Warum?

*

Wie scheitern Sie am liebsten?

*

Wann gibt man es auf, von finanziellem Erfolg zu sprechen, und spricht stattdessen von persönlicher Erfüllung? Oder geschieht dieser Sinneswandel erst, wenn man vom Ausbleiben des finanziellen Erfolgs überzeugt ist?

*

Welches ist Ihr persönliches Verdun?

Erfolg

Gesetzt den Fall, es stellte sich heraus, dass Erfolg
auf einem Gen beruht. Wem würden Sie Gentherapie
erlauben?

a) Allen.
b) Den noch Jungen.
c) Den Erfolglosen.
d) Jenen, die sie sich leisten könnten.

*

Angenommen, Gentherapie funktioniert nicht. Würden
Sie sich dafür einsetzen, durch Eugenik den Misserfolg
unter den Menschen auszurotten?

*

Wäre die reine Meritokratie, also eine Gesellschaft,
in der ausschließlich die eigene Leistung zählt –
unabhängig von jeglicher Genetik, Erziehung oder
Herkunft –, für Ihr persönliches Leben von Vorteil
gewesen?
*

Kennen Sie erfolgreiche Tiere?

*

Wenn Sie Erfolg haben: Gibt er Ihnen recht?

Wie viel würden Sie für eine Vollkaskoversicherung Ihrer Karriere bezahlen?

Karriere

Karriere

Gehen Sie Ihr Leben so konsequent an wie Ihre Karriere?

*

Würden Sie sich einstellen?

*

Angenommen, Mitarbeiter könnten ihre Vorgesetzten
selbst bestimmen in einer Art demokratischer Wahl.
Wie lange, glauben Sie, würde das Unternehmen, für das
Sie tätig sind, auf dem Weltmarkt überleben? Oder
würde es gerade deshalb überleben?

*

Wem vertrauen Sie weniger: Ihren Mitarbeitern oder
Ihren Vorgesetzten?

*

Gehören Sie zu den Menschen, die nicht aus der
Notwendigkeit heraus arbeiten, sondern aus anderen
Motiven (Kontakt zu Mitmenschen, Selbstbestätigung,
Überwindung der Langeweile zu Hause usw.)?
Wie verhalten Sie sich gegenüber denen, die auf Arbeit
angewiesen sind? Betrachten Sie diese als für Ihre
Arbeit ungeeignet?

Karriere

Gemäß einer Studie der Cambridge University beträgt die durchschnittliche Lebenserwartung einer Firma weniger als 12 Jahre – was ungefähr der Lebenserwartung eines Hundes entspricht. Was schließen Sie daraus?

*

Pflegen Sie die Kluft zwischen Beruf und Berufung eher durch die Anpassung des Berufs oder der Berufung zu überwinden?

*

Seit Anbeginn haben Menschen von einem Leben ohne Arbeit geträumt. Verbunden mit diesem Traum war die Vorstellung, dass durch die Befreiung von der Mühsal der Arbeit der Mensch ein besserer würde. Heute kann sich ein großer Teil der Bevölkerung ein solches Leben leisten – freiwillig und unfreiwillig. Worin haben sich die antiken Philosophen getäuscht?

*

Können Sie beim Nichtstun nichts tun? Oder sind Sie dann geplagt von Gedanken, die nächsten Tage oder Monate betreffend? Oder sind Sie damit beschäftigt, sich zu zwingen, nichts zu tun, d. h. sämtliche Gedanken zu unterdrücken, d. h. Faulheit als Disziplin zu betreiben, als Meisterschaft?

Karriere

Ist das Streben nach Glück finanziell noch tragbar?
Oder macht gerade das Streben nach Glück Ihr Leben
finanziell tragbar?

*

Die meisten Tiere »arbeiten« ausschließlich für ihre
Ernährung. Ansonsten hängen sie in den Bäumen,
zwitschern von den Dächern oder dösen im Schatten.
Der moderne Mensch gibt 2,5% seines Einkommens
für die Ernährung aus. Das entspricht einem Arbeitsauf-
wand von weniger als 12 Minuten pro Tag. Die meisten
Tiere scheinen zudem glücklicher zu sein als die
meisten Menschen. Erklären Sie!

*

Faulenzapparat. Wie würden Sie sich den vorstellen?

*

An wie vielen Tagen im Jahr passiert es, dass Sie alles
erledigen, was Sie sich vorgenommen haben, und was
schließen Sie daraus?

*

Was konkret hätte Sie als jungen, motivierten Menschen
davon abgehalten, im Dritten Reich Karriere zu machen?

Karriere

Ist Karriere für Sie gleichbedeutend mit Aufstieg,
oder gibt es Karriere auch im Abstieg?

*

Gesetzt den Fall, Sie hätten einen Manager, der für
Ihr Leben verantwortlich ist. Wie würden Sie seine
Leistung beurteilen?

*

Wie signalisieren Sie Ihr nicht ausgeschöpftes
Potential?

*

Welchen Ruf haben Sie?

*

Möchten Sie, dass Sie in den »besten Jahren« keinen
Schlaf benötigen, d. h., ohne im Geringsten müde
zu werden, rund um die Uhr ökonomisch tätig sein
könnten, dafür aber fünf Jahre früher sterben?

*

Was würden Sie für Ihre Karriere nicht opfern?

Karriere

Besitzen Sie Kleidungsstücke, die Glück versprechen,
zum Beispiel Anzüge oder Unterhosen, die Sie zu ganz
wichtigen Anlässen tragen?

Angenommen, es gäbe
die Arbeit nicht.
Würden Sie sie wollen?

Job

Job

Möchten Sie Ihr Chef sein?

*

Waren Sie schon einmal arbeitslos?
Warum? Warum nicht?

*

»Sie sind gefeuert!« – Was wäre Ihre erste Reaktion
darauf? Bitte wortwörtlich.

*

Woran erkennen Sie einen Arbeitslosen, zum Beispiel
auf der Straße?

*

Wenn Sie eine neue Stelle antreten, denken Sie in
diesem Moment an den Zeitpunkt, an dem diese Stelle
unweigerlich wieder abgeschafft werden wird?
Falls ja: Wie lange geben Sie der Stelle, und wie lange
geben Sie sich?
Falls nein: Glauben Sie, dass Ihre Zuversicht die
Lebensdauer der Stelle in irgendeiner Form positiv
beeinflusst, und woher nehmen Sie diesen Glauben?
Woher nehmen Sie Ihre Zuversicht?

Job

Wie loyal sind Sie Ihrem Arbeitgeber gegenüber?
Angabe des Alters.

*

Arbeiten Sie gern?

*

Kann es, wenn es Freude macht, Arbeit sein?

*

Wie wichtig sind Ihnen Stürme und Katastrophen aller
Art – zum Beispiel auf Finanzmärkten – als Gegen-
gewicht zur Vorhersehbarkeit Ihres Lebens?

*

Möchten Sie in einem Werbespot vorkommen? Wenn
ja, wofür?

*

Wie viel Einsatz kann man Ihnen abverlangen im
Urlaub, an Wochenenden?

*

Möchten Sie mit Ihnen in einem Projektteam sein?

Job

Welche Meetings sind schwerer zu ertragen?

a) Jene in der Firma
b) Jene zu Hause

*

Was ist Ihnen das Wichtigste bei der Arbeit: das gesetzte
Ziel, die Tätigkeit an sich, das Resultat oder die
Entlohnung?

*

Wie oft kommt es vor, dass Sie etwas tun, bloß um
etwas anderes nicht tun zu müssen?

*

Wie viel Gehalt sind Sie wirklich wert – und weshalb
haben Sie noch niemanden gefunden, der Ihnen dieses
Gehalt bezahlt?

*

Was wäre schlimmer?

a) Ihr liebstes Hobby wird zum Job.
b) Ihr Job wird zu Ihrem liebsten Hobby.

*

Wären Sie bereit, Ihre Traumstelle anzutreten, wenn Sie
Ihren Vorgänger auch gleich selbst zu entlassen hätten?

Job

Gönnen Sie gewissen Ländern ein höheres Wirtschafts-
wachstum als anderen?

*

Wie stellen Sie sich die Welt nach der Globalisierung,
d. h. nach der Angleichung der Lohnniveaus der Länder,
vor?

*

Wie erklären Sie es sich, dass Firmen, in denen ein
schlechtes Betriebsklima herrscht, so viel Geld
verdienen, und das über Jahre?

*

Wie oft melden Sie sich krank und arbeiten zu Hause
an Ihren eigenen Projekten?

*

Warum gelingt es der Frau mühelos, einen Orgasmus
vorzutäuschen, aber nicht, einen Funken Begeisterung
für Ihre Arbeit zu zeigen? Oder glauben Sie, der
Orgasmus ist echt und das Desinteresse an Ihrer Arbeit
vorgetäuscht?

Job

Was beim Sex der Orgasmus, ist bei der Arbeit

a) Der Zahltag
b) Das Lob
c) Die Pensionierung
d) Die Mittagspause

Beruhigt Sie die Tatsache, dass auch Ihr Vorgesetzter einmal sterben wird?

Management

Management

Haben Sie sich jemals an der Konzernspitze verletzt?

*

Wie empfänglich sind Sie für Visionen der Geschäftsleitung?

*

Gibt es irgendjemanden in Ihrer Firma, der die Vision,
so wie sie auf dem Papier steht, verkörpert?

*

Wie oft träumen Sie von Ihrem Vorgesetzten?

*

Gesetzt den Fall, Sie sind Sonnenbrillenfabrikant und
eines Morgens geht die Sonne einfach nicht mehr auf.
Wie reagieren Sie?

*

Welche Prinzipien würden Sie für den zehnfachen
Monatslohn über Bord werfen?

*

Befremdet es Sie, dass es Ihrer Geschäftsleitung immer
wieder gelingt, so viele Menschen für abstrakte Ziele
(Steigerung des Aktienkurses, ISO-9001-Zertifizierung
usw.) zu motivieren?

Management

Gibt es Projekte in Ihrer Firma, deren Scheitern Sie mit
Hoffnung erfüllen würde?

*

Haben Sie Feinde in der Firma?

*

Wessen Feind sind Sie?

*

Wenn Sie Mitarbeiter zu motivieren haben: Glauben Sie
das, was Sie predigen?

*

Wie steht es damit, wenn Sie Ihren Lebenspartner zu
motivieren haben? Ihre Kinder? Ihre Schwiegereltern?
Ihr Haustier?

*

Wenn Ihr Haustier nicht will, haben Sie es schon einmal
mit einem 360-Grad-Feedback versucht?

Management

Angenommen, Ihre Vorgesetzten wüssten, was Sie über
die Firma denken. Bestünde die Gefahr, dass man Sie
deswegen entlassen würde? Falls nicht, warum sagen
Sie es nicht laut? Oder glauben Sie, dass die Stabilität
eines Unternehmens gerade auf dieser Verschwiegen-
heit beruht?

*

Würden Sie als Vorgesetzter Leute, die so denken,
entlassen?

*

Haben Sie schon sinnlose Projekte in Ihrer Firma
sabotiert?

*

Warum nicht?

*

Stellen Sie sich Ihren Konzernvorsitzenden auf der
Toilette vor.

*

Sind Sie in den Augen Ihrer Kinder ein Vorgesetzter?

Management

Gesetzt den Fall, Sie würden von einem Zug überfahren. Welche ausdrücklich positiven Folgen hätte das für Ihren Arbeitgeber? Für Ihre Mitarbeiter? Für das Klima in der Firma ganz allgemein? Wer würde Sie ersetzen? Oder würde man Sie einfach nicht ersetzen? Und was wäre Ihnen lieber?

*

Wem gegenüber sind Sie toleranter: unfähigen Mitarbeitern oder unfähigen Vorgesetzten?

*

Unter welchen Umständen darf die Muttergesellschaft ihre Tochtergesellschaft abtreiben?

*

Möchten Sie, dass die Betriebswirtschaft eine exakte Wissenschaft wäre, dass zum Beispiel Marketingaktivitäten immer ins Schwarze treffen würden? Was wäre damit gewonnen, außer dass die Marketingaktivitäten Ihrer Konkurrenz ebenfalls zu 100% ins Schwarze träfen?

*

Wie würden Sie das Himmelreich organisieren unter den Gesichtspunkten Public Relations, strategische Allianzen, Kundenservice und Führungskompetenzen?

Ab welchem Betrag ist ein Gehalt unanständig?

*

Glauben Sie einer Statistik, wenn sie Ihnen nichts
nützt?

*

Wenn Sie als Vorgesetzter etwas sagen, geht das
Gesagte eher auf wie

a) Ein Senfkorn oder
b) Eine Handgranate?

*

Viele Firmen behaupten, die Mitarbeiter seien ihr
wichtigstes Kapital. Glauben Sie das auch, oder würden
Sie differenzierter argumentieren?

*

Wenn der Abteilungsleiter seine Leute nach Zielen
führt, ist das »management by objectives«. Wenn der
Geschäftsleiter seinen Abteilungsleitern befiehlt, ihre
Leute nach Zielen zu führen: Ist das

a) »Management by management by objectives«
    oder
b) »Management by objectives by objectives«?

Management

Sind Ihnen Menschen, die ihr Hobby ökonomisch rechtfertigen (zum Beispiel Golf spielen mit der Absicht, Business-Deals abzuschließen), suspekt oder, im Gegenteil, Garanten für Zuverlässigkeit?

*

Gibt es Mitarbeiter, die Sie nur deshalb nicht entlassen, weil sie Ihnen gefallen?

*

Schildern Sie den perfekten Arbeitgeber. Stichworte genügen.

*

Könnten Sie sich Badeurlaub mit Ihrem Vorgesetzten vorstellen? Falls nicht: Wie viel zusätzlichen Lohn müsste er / sie Ihnen bezahlen, um Sie dazu zu bewegen?

*

Wie lange, nachdem der Wecker geklingelt hat, bleiben Sie im Durchschnitt liegen, in der Hoffnung, ein Problem würde sich von selbst aus der Welt schaffen?

Management

Finden Sie es manchmal schade, dass Sie Ihren
Ehepartner nicht einfach mit einer dreimonatigen
Kündigungsfrist downsizen können?

*

Gibt es so viele schlechte Ärzte wie schlechte
Manager?

Wie stark korreliert
Ihr Glücksempfinden mit
dem Dow Jones?

Geld

Geld

In welchem Alter hatten Sie zum ersten Mal das
Bedürfnis nach einem Konto?

*

Ist Geld für Sie eine Sache der persönlichen Hygiene?

*

Wie viele Bankkonten besitzen Sie? Von wie vielen
weiß die Steuerbehörde?

*

Von wie vielen weiß Ihr Lebenspartner?

*

Haben Sie schon einmal mit einem Koffer voller
Geldscheine eine Landesgrenze überquert?

*

Angenommen, Sie finden eine Tausendernote auf der
Straße. Was würden Sie tun?

*

Wie würden Sie sich verhalten, falls Sie von Passanten
beobachtet würden, wie Sie vor der Tausendernote
stehen bleiben?

Geld

Brauchen Sie das Rascheln von Banknoten, um zu wissen, dass Sie Geld besitzen, oder genügt Ihnen der Kontostand?

*

Wie lange dauert es, bis Sie sich an einen Lebens-standard gewöhnt haben:

a)   Wenn er steigt?
b)   Wenn er fällt?

*

Neben den Menschen gibt es noch die Eichhörnchen, die ein höheres Bruttosozialprodukt erwirtschaften, als für ihr Leben notwendig ist (Akkumulation von Nüssen). Glauben Sie, dass die Eichhörnchen glücklicher sind als die anderen Tiere?

*

Wie viele Ihrer Freundschaften sind durch Geld entstanden? Wie viele durch Geld zerbrochen? Wie viele sind durch Geld gerettet worden?

*

Wer gibt mehr Geld aus: Sie oder Ihre Frau/Ihr Mann?

Geld

Wer gibt mehr Geld für unnötige Dinge aus: Sie oder
Ihre Frau / Ihr Mann?

*

Wie viel würden Sie für klare, handliche Prinzipien
bezahlen?

*

Wo liegt Ihre persönliche Armutsgrenze?

*

Wie viel Geld kann Ihre Frau / Ihr Mann ausgeben, ohne
dass Sie sich ärgern?

*

Sie sind reich, aber niemand bettelt Sie um Geld an.
Woran beginnen Sie eher zu zweifeln:

a)   an der Wirksamkeit von Reichtum
b)   dass Sie sympathisch wirken?

*

Sind Ihnen Menschen, die 10 000 Euro für eine
Louis-Vuitton-Handtasche ausgeben, sympathischer
oder unsympathischer als Menschen, die 10 Euro
für eine Fälschung ausgeben?
Warum?

Geld

Glauben Sie an die sittliche Kraft des Kapitals?

*

Wäre die Welt eine gerechtere, wenn alle gleich viel hätten?

*

Wie lautet Ihr Nummernkonto?

*

Was wäre verheerender für Sie?

a) Das Durchschnittseinkommen der Bevölkerung steigt, nur Ihres bleibt gleich.
b) Das Durchschnittseinkommen der Bevölkerung bleibt gleich, nur Ihres sinkt.
c) Das Durchschnittseinkommen der Bevölkerung sinkt, und auch Ihres sinkt.

*

Möchten Sie ein Hobby, das profitabel ist – oder gerade nicht?

*

Was ist für Sie leichter zu ertragen: die Ungleichverteilung von Wohlstand oder die Ungleichverteilung von Intelligenz auf diesem Planeten?

Geld

Wie locker ist Ihre Geldpolitik?

*

Fühlen Sie sich persönlich schon too big to fail?

*

Was geschieht mit Ihren Schulden nach Ihrem Tod?

Was empfindet der Millionär, wenn er dem Milliardär begegnet?

Reichtum

Reichtum

Leben Sie noch von den Zinsen oder schon von den Zinseszinsen?

*

Was würde Sie davon abhalten, eine Bank auszurauben, wenn Sie sicher sein könnten, dass Sie niemals gefasst würden?

*

Werden Sie mit zunehmendem Reichtum freier oder ängstlicher – etwa weil Sie ihn jetzt zu verteidigen haben (vor dem Staat, der Öffentlichkeit, Ihren Freunden etc.)?

*

Was wäre Ihnen lieber: dass man Sie vermögender schätzt, als Sie sind, oder ärmer?

*

Wie viel Geld werden Sie einmal erben, und wie viel Geld haben Sie vor, Ihren Erben zu hinterlassen?

*

Angenommen, es gäbe keine Bankkonten. Wo und wie würden Sie Ihr Geld aufbewahren?

Reichtum

Gelingt es Ihnen – zum Beispiel während eines Spaziergangs –, eine Villa zu betrachten, ohne sich zu fragen, was sie wohl kostet?

*

Ordnen Sie in abnehmender Reihenfolge, was Ihnen wertvoller erscheint (Annahme: gleiche Steuerlast):

a) Eine Million Lottogewinn
b) Eine Million Börsengewinn
c) Eine Million Immobiliengewinn
d) Eine Million Erbschaft
e) Eine Million Zinsertrag
f) Eine Million durch Bankraub
g) Eine Million durch Steueroptimierung
h) Eine Million über Jahre verdientes und zusammengespartes Geld

*

Welche Probleme könnten Sie mit unendlich viel Geld nicht aus der Welt schaffen?

*

Sind Ihnen Menschen, in deren Händen sich alles zu Gold verwandelt, suspekt?

Reichtum

Gönnen Sie den Reichen nicht-monetären Reichtum
(zum Beispiel Charisma, intaktes Familienleben,
kreative Begabungen, unbändige Lebenslust), oder
bedrückt es Sie angesichts des Übermaßes an Vorzügen?

*

Wenn Sie einem Reicheren begegnen, der jünger ist als
Sie, empfinden Sie dann eher Neid oder Bewunderung?
Oder empfinden Sie Gelassenheit angesichts der
Tatsache, dass der Reichere mehr Jahre zur Verfügung
hat als Sie, sein Vermögen wieder zu verspielen?

*

Ist es schon vorgekommen (zum Beispiel während
eines Gesprächs), dass Sie gewünscht hätten, den
finanziellen Status des anderen nicht zu kennen? Was
sonst über diese Person hätten Sie lieber nicht gewusst?
Oder ist es nur das Geld, das Sie nicht interessiert?

*

Wie weit würden Sie gehen, um den Besitzer einer
griechischen Vase aus dem 5. Jahrhundert v. Chr. daran
zu hindern, diese vorsätzlich zu zertrümmern?

Reichtum

Ab welchem Betrag wird Geld für Sie uninteressant?

*

Auf welchen Luxus könnten Sie ohne die geringste
Einschränkung Ihrer Lebensqualität verzichten? Warum
tun Sie es nicht?

*

Was würden Sie mit einer Milliarde nicht übertragbarer
Frequent Flyer Miles anstellen?

*

Sie treffen unvermutet auf einen Freund, den Sie
jahrelang nicht mehr gesehen haben. Sie überreden ihn,
den Abend in Ihrer Stadt zu verbringen, ja Sie laden ihn
zum Abendessen in die Kronenhalle ein. Beim Essen
erzählt er Ihnen, dass er Millionen an der Börse verdient
hat. Der Kellner legt die Rechnung auf den Tisch.

a) Sie begleichen die Rechnung sofort.
b) Sie lassen die Rechnung länger als üblich liegen,
   in der Hoffnung, Ihr Freund übernehme, wenn nicht
   den ganzen Betrag, so doch wenigstens den
   sündhaft teuren Wein.
c) Sie schlagen eine Teilung vor, die den Einkom-
   mensverhältnissen entspricht.

Reichtum

d) Ihr Freund möchte bezahlen, Sie weigern sich, bis
   es nicht mehr auffällt, dass Sie ihn bezahlen lassen
   möchten, und lassen ihn bezahlen.

Wie viele Freunde
haben Sie, und wie viele
von diesen würden Sie
als Freund bezeichnen?

Freunde

Freunde

Ordnen Sie Ihre Freunde in der Reihenfolge abnehmender Wichtigkeit.

*

Gibt es Menschen, die Sie zu Ihren Freunden zählen, obwohl Sie die Kriterien der Freundschaft nicht erfüllen?

*

Wie verändert sich die Anzahl der Freunde mit Ihrem Erfolg?

*

Gesetzt den Fall, Sie könnten die Einkommens- und Vermögensverhältnisse in Ihrem Freundeskreis neu ordnen, ohne die Gesamtsumme zu verändern. Nach welchen Kriterien würden Sie vorgehen?

*

Möchten Sie, dass man in gleicher Weise und mit den gleichen Kriterien über Ihr Einkommen und Vermögen bestimmt?

*

Gibt es Personen, denen Sie etwas bezahlen würden, damit Sie ihr Freund würden? Wenn ja, wie viel?

*

Ist Gott Ihr Freund?

Freunde

Was auch immer er/sie unternimmt, wer könnte nie Ihr
Freund werden?

*

Welche Freunde sind Ihnen nicht sympathisch?

*

Möchten Sie Ihr Freund sein?

*

Wie oft gehen Sie die Liste Ihrer Freunde durch und
sortieren die echten von den falschen?

*

Wie sagen Sie es den falschen?

*

Ist Ihre Frau/Ihr Mann schon Ihr bester Freund?

*

Welches sind Ihre effizientesten Strategien, jemanden
zu Ihrem Freund zu machen?

*

Haben Sie schon Freunde an Ihren Lebenspartner
verloren, zum Beispiel bei einer Trennung?

Freunde

Gibt es Gemeinsamkeiten, die Ihre Freunde verbinden
(Alter, Haarschnitt, Urlaubsziele, Automodelle)?

*

Wie groß muss der Gehaltsunterschied zu Ihren
Freunden sein, damit Sie sich überlegen fühlen?

*

Könnten Sie auch ohne Freunde glücklich sein?

*

Was fällt Ihnen leichter:

a) Jemandem, den Sie nicht mögen, ein Kompliment
    zu machen?
b) Einen Freund zu tadeln?

*

Glauben Sie zu wissen, mit wem Sie sich als Nächstem
überwerfen werden?

*

Welche Ihrer Freunde nützen Ihnen nichts?

Wie viel würden Sie dafür geben, einen Augenblick lang mit den Augen eines anderen zu sehen?

Die Anderen

Die Anderen

Kennen Sie Ihre Nachbarn beim Namen?

*

Wo fühlen Sie sich im Allgemeinen wohler: in der
Mehrheit oder in der Minderheit?

*

Wie gut sind Sie im Aufspüren von Mängeln bei
anderen?

*

Würde es Ihnen etwas ausmachen, wenn ein Großteil
der Menschen, die Sie nicht kennen und die Sie in
Ihrem Leben nie treffen werden, Menschen, die Sie
nicht einmal vom Hörensagen kennen werden, eines
Tages sang- und klanglos verschwinden würden?

*

Was entscheidet, ob Ihnen ein Gesicht sympathisch ist
oder nicht?

*

Stimmt Sie eine Gemeinschaft von ausgesprochen
Glücklichen eher traurig angesichts des relativen
Gefälles zu Ihnen, oder beflügelt Sie dieses Klumpen-
Glück?

Die Anderen

Wenn Sie alles ausblenden, was mit Rollen zu tun hat (Status, Job, Hobbys, Ehe etc.) – wer sind Sie?

*

Wie viel Geduld haben Sie im Umgang mit Menschen, denen Sie nichts verkaufen können – weder ein Produkt noch eine Überzeugung noch das faszinierende Image Ihrer Persönlichkeit?

*

Wie reagieren Sie, wenn Sie merken, dass Ihr Gegenüber nicht auf Ihr Werben anspricht? Erhöhen Sie dann die Intensität Ihrer Heldengeschichten? Stellen Sie den Aufwand ein? Oder beginnen Sie zu fragen?

*

Wären Sie lieber in Einzelhaft, oder würden Sie es vorziehen, eine Gefängniszelle lebenslänglich mit anderen zu teilen?

*

Wie oft sagen Sie etwas, damit etwas gesagt ist?

Die Anderen

Womit richten Sie im Allgemeinen mehr Schaden an?

a) Damit, dass Sie reden, während Sie besser
   geschwiegen hätten?
b) Damit, dass Sie schweigen, während Sie besser
   etwas gesagt hätten?

*

Wie gut sind Sie im Ertragen von Small Talk?

*

Wie viele Ihrer Komplimente sind ernst gemeint?

*

Was fällt Ihnen am schwersten:

a) Andere zu überzeugen?
b) Sich selbst zu überzeugen?
c) Andere von sich zu überzeugen?
d) Andere von sich selbst zu überzeugen?
e) Sich von sich selbst zu überzeugen?

*

Gibt es Menschen, die Sie wegen ihrer bescheidenen
geistigen Fähigkeiten schätzen?

Die Anderen

Wen würden Sie gern kennenlernen?

*

Wen hätten Sie lieber nie kennengelernt?

*

Wie gut gelingt es Ihnen, die natürliche Überheblichkeit
gegenüber Andersdenkenden zu unterdrücken?

*

Wie viel Zustimmung brauchen Sie, um das zu tun,
was Ihnen richtig erscheint?

*

Sind Sie auf Verbündete angewiesen, um Ihre Meinung
selbst ernst zu nehmen?

*

Wem sind Sie eine Zumutung?

*

Wie lange halten Sie es mit sich selbst aus, bevor
Sie sich unter die Leute mischen oder fernmündlich ein
Gespräch anzetteln?

Die Anderen

Glauben Sie an die kollektive Vernunft?

*

Wie häufig machen Sie die Erfahrung, dass es auch ohne Sie geht?

Glauben Sie, Sie würden
Ihre Heimat vom Weltall
aus erkennen?

Heimat & Reisen

Heimat & Reisen

Was versprechen Sie sich vornehmlich von einer Reise?

a) Erkenntnis, das Land betreffend
b) Erkenntnis über sich selbst

*

Nach wie vielen Wochen Urlaub gleicht der Urlaub
dem Alltag?

*

Gesetzt den Fall, es gäbe kein Meer, sondern nur eine
blau schimmernde, unbebaubare Fläche in den gleichen
Ausmaßen. Würde es Sie davon abhalten, Strandurlaub
zu buchen, falls alles andere (Begleitung, Sand, Wetter,
Strandcafés, Hotels, Nachtclubs) unverändert bliebe?

*

Angenommen, es gäbe, wie bei Studenten, ein
Austauschjahr für ganze Völker. Mit welchem Volk
würden Sie ein Jahr lang den Platz tauschen? (Hinweis:
Der Dreieckstausch ist nicht erlaubt. Sie können mit
Ihren Landsleuten nur in das Land ziehen, dessen
Bewohnern Sie Ihr Land zur Verfügung stellen.)

*

Wäre die Schweiz genauso schön, wenn ein Indianer-
stamm dort regierte?

Heimat & Reisen

Wo sind Ihnen Ihre Landsleute sympathischer: in der
Heimat oder im Ausland?

*

Glauben Sie, dass es Lebensweisheit gibt, die nur in
Ihrer Heimat zu finden ist und sonst nirgendwo?

*

Wohin würden Sie auswandern?

a)   Wenn Sie müssten?
b)   Wenn Sie nicht müssten?

*

Glauben Sie, Sie sind für die Bakterien Ihres Körpers
so etwas wie eine Heimat – oder gar ein Vaterland?

*

Welcher Minister käme als Taufpate / Taufpatin für Ihr
Kind definitiv nicht in Frage?

*

Gibt es Politiker anderer Länder, die Sie am liebsten für
das eigene Land rekrutieren würden?

Heimat & Reisen

Gibt es Politiker Ihres Landes, die geeignet erscheinen, zum Beispiel eine Weltmacht zu regieren?

*

Würden Sie in ein Flugzeug steigen, wenn Sie wüssten, dass es von zuverlässigen Piloten via Fernbedienung gesteuert würde?

*

Wäre es Ihnen lieber, man würde die Luft sehen, zum Beispiel beim Fliegen?

*

Sie sitzen zusammen mit 300 Passagieren in einem Flugzeug. Der Sinkflug wurde vor mehreren Stunden eingeleitet, aber es kommt einfach kein Land. Erzählen Sie die Geschichte zu Ende.

*

Wenn das Leben eine Reise ist, was ist dann das Reisebüro?

*

Wie oft nehmen Sie den Laptop mit in den Urlaub, um dann festzustellen, dass Sie ihn nicht brauchen? Wie oft passiert Ihnen dasselbe mit Ihrem Lebenspartner?

Was denkt ein Hund,
wenn er einem Blinden-
hund begegnet?

Ohne Titel

Ohne Titel

Kennen Sie Tiere, die weinen?

*

Welche Person der jüngeren oder älteren Geschichte
würden Sie gern auf ein Glas Wein zu sich nach Hause
einladen?

*

Welche Ursache erfüllt Sie angesichts eines Unglücks
mit größerem Schrecken?

a) Technisches Versagen
b) Menschliches Versagen

*

An welche Naturgesetze glauben Sie nicht?

*

Ist die Natur unfehlbar?

*

Was hätten Sie Galilei als Image-Consultant anlässlich
seiner Verurteilung geraten?

*

Wo sind die Tiere, die sich mit uns zum Beispiel über
einen Sonnenuntergang freuen?

Ohne Titel

Ist das Gute oder die Absenz des Bösen das Gegenteil des Bösen?

*

Wenn Sie ein Experiment anordnen könnten, unabhängig von den Kosten, welches wäre es?

*

Hätten Sie von sich aus die Energiezufuhr über Nahrungsaufnahme, Verdauung und Ausscheidung gewählt, wenn Ihnen die einfacheren Alternativen des Chlorophylls oder des Batteriebetriebs zur Wahl gestanden hätten?

*

Wie viel genetischen Unterschied bräuchte es, damit Menschen verschiedener Rassen als verschiedene Spezies wahrgenommen würden?

*

Gibt es Kulturen, die die Menschheit eher erhalten sollte als andere?

*

Nachträglich betrachtet: Wie hätten Sie im Jahr 1901 als Rektor der Realschule Linz Hitlers Stundenplan zusammengestellt?

Ohne Titel

Glauben Sie, es gibt Menschenfresserfresser?

*

Was ist Ihnen lieber: das Kind oder der Hund? Was ist
dem Kind lieber: der Hund oder Sie? Was ist dem Hund
lieber?

*

Inwiefern ist die Tatsache, dass die Welt existiert, der
einer nicht existierenden vorzuziehen?

*

Nennen Sie drei Eigenschaften, die diese Welt
besonders auszeichnen.

*

Wäre es für Sie vorteilhaft, in einer Welt zu leben, die
nach festen Regeln funktioniert?

*

Wenn Sie nachts zum Firmament schauen und sich
vorstellen, dass Sie selbst bloß ein Stäubchen im All
sind, bekommen Sie dann einen Minderwertigkeits-
komplex? Falls nicht: Woher nehmen Sie Ihr Selbstbewusstsein?

Ohne Titel

In welcher Zeitung (auf welchem Fernsehkanal) müsste
der unmittelbar bevorstehende und für die Menschheit
fatale Zusammenstoß der Erde mit einem Meteoriten
berichtet werden, damit Sie es glauben?

*

Gesetzt den Fall, es fände sich im Universum eine
Spezies mit einer ähnlichen Hirnleistung wie die des
Menschen. Glauben Sie, es würde zu einer Art
Freundschaft kommen, und woraus schließen Sie das?

*

Gibt es ein Jahrhundert, das Ihnen besonders sympathisch ist?

*

Welche Welt wäre Ihnen die angenehmste – und warum?

a) Sie sind der Einäugige unter den Blinden.
b) Sie sind der Einäugige unter den Zweiäugigen.
c) Sie sind der Zweiäugige unter den Dreiäugigen.

*

Angenommen, Sie hätten ein einziges Mal die Möglichkeit gehabt, in der Weltgeschichte zu intervenieren.
Wo, wann und wie genau hätten Sie interveniert?

Ohne Titel

Welche Farbe von Schnee wäre Ihnen am liebsten?

*

Welche andere Hintergrundfarbe als Schwarz würden
Sie für die Nacht einstellen?

*

Wäre die Welt eine bessere, wenn aus Wünschen
unmittelbar Wirklichkeit würde? Gibt es Realität, die
Sie lieber in Wunschform hätten?

*

Was sollte die Natur Ihrer Ansicht nach von den
Menschen lernen?

*

Wie stellen Sie sich einen sportlichen Tod vor?

*

Was genau haben Sie davon, wenn Ihr liebstes
Fußballteam gewinnt?

*

Welches ist die sportlichste Tierart?

Ohne Titel

Welche zusätzliche Lebenserwartung versprechen Sie
sich vom Sport?

*

Ist Sex für Sie eine Art Sport?

*

Würden Sie es begrüßen, wenn das Rennen am
Aktienmarkt, ähnlich dem Rennen in einer Sportarena,
auch einmal aufhören würde?

*

Wie wichtig ist ein sportlicher Geist, zum Beispiel
in der Geldpolitik?

*

Glauben Sie, Sie werden generell unterschätzt oder
überschätzt? Was wäre Ihnen lieber?

*

Gehören Sie mit Ihren Problemfeldern schon zu den
Großbauern?

*

Was oder wer könnte Ihnen egal sein, ist es aber nicht?

Ohne Titel

Können Sie sich ein Rennen vorstellen, das ein ganzes Leben dauert?

*

Würden Sie, wenn Sie könnten, den Konjunktiv abschaffen?

Wenn Sie mit der Vernunft nicht mehr weiterkommen, tendieren Sie dann dazu, so etwas wie einen Glauben anzunehmen?

Glauben

Glauben

Wie stark ist Ihr Bedürfnis nach Irrationalität?

*

Falls Sie glauben: Gleicht Ihr Glaube mehr einem
Gefühl oder einem Wissen?

*

Welche Dinge halten Sie für wahr, können sie aber
nicht beweisen?

*

Würde es Ihnen den Glauben an Gott erleichtern, wenn
es im Jenseits eine Rekursinstanz gäbe – ein neutrales
Gericht oder zumindest einen unabhängigen Ombuds-
mann?

*

Falls Sie glauben: Ist Gott Ihr Therapeut?

*

Falls Sie nicht glauben: Ist Ihr Therapeut Ihr Gott?

*

Wem glauben Sie nichts mehr?

Glauben

Welchem Nachrichtensprecher glauben Sie am
meisten?

*

Glauben Sie noch an Ihren Anlageberater?

*

Wie hoch schätzen Sie die Wahrscheinlichkeit ein, dass
das, was Ihnen der Glaube verspricht (ewiges Leben,
Milch und Honig, einen Platz an der Seite Gottes etc.),
auch wirklich eintreffen wird? Angabe in Prozent.

*

Welche Tiere hätten Sie als Noah nicht mit auf die
Arche genommen?

*

Gibt es Menschenrassen, die Sie nicht eingeladen
hätten?

*

Halten uns Tiere für Götter oder Idioten?

*

Ist die Aussicht auf ein ewiges Leben ein genügend
attraktives Angebot – oder gäbe es passendere Arten,
Sie zum Glauben zu motivieren?

Glauben

Wovon sollen Sie sich ein Bildnis machen?

*

Wäre Religion für Sie akzeptabler, wenn die Belohnung
für den Glauben im Diesseits statt im Jenseits erfolgen
würde?

*

Wie würden Sie sich eine Religion ohne Heils-
versprechen vorstellen?

*

Wo, glauben Sie, sind die interessanteren Leute zu
finden: im Himmel oder in der Hölle?

*

Angenommen, Sie kämen in den Besitz der Evidenz,
dass das Himmelreich nicht existiert, sondern nur die
Hölle. Würden Sie Ihr Leben anders ausrichten?

*

Wie viel Fleischwerdung (Inkarnation) kann sich Gott
leisten, damit er noch glaubwürdig bleibt?

*

Glauben Sie an das Gute im Tier?

Können Sie sich das Alter leisten?

Alter

Alter

Wie alt möchten Sie nicht werden?

*

Was denkt ein Greis, wenn er eine Sexbombe sieht?

*

Glauben Sie, dass Ihr Gefühl, das Alter betreffend,
Ihre Lebenserwartung in irgendeiner Weise beeinflusst?

*

Wenn Sie in Ihrer Karriere von Jüngeren überholt
werden: Ab wann schreiben Sie dies dem Alters- und
nicht mehr dem Fähigkeitsunterschied zu?

*

Beglückt es Sie, dass Sie Ihren Ursprung kennen
(Eltern, Ort, Datum und Uhrzeit der Geburt)?
Oder wären Sie lieber gezwungen, Ihren Ursprung selbst
zu erfinden, sich also mythologisch zu begründen?

*

Ganz konkret: Welchen Erkenntnisgewinn erwarten Sie
vom Alter?

Alter

Werden Ihre Lebensträume mit zunehmendem Alter konkreter (Ferienhaus im Tessin, Harley-Davidson, sexuelle Potenz) oder abstrakter (Weltfrieden, Versöhnung mit der Natur, Glückseligkeit, höheres Bewusstsein)?

*

Ab welchem Alter möchten Sie sich nicht mehr so sehen, wie andere Sie sehen?

*

Welche Sätze, die gesagt werden müssten, schieben Sie bis knapp vor den Tod hinaus? Welche bis über den Tod hinaus? Und treibt Ihnen diese Schieberei manchmal den Schweiß auf die Stirn?

*

Möchten Sie, dass Ihre Empfindung von Zeit der physikalischen Zeit entspricht? Glauben Sie, dass Ihnen in diesem Fall Ihr Leben länger oder kürzer vorkommen würde, als Sie es heute empfinden?

*

Welches war das beste Jahr Ihres Lebens, und glauben Sie, dieses in Zukunft noch übertreffen zu können?

Alter

Was würden Sie tun, wenn Sie eines Morgens
aufwachten und erkennen müssten, dass Sie über Nacht
zehn Jahre älter geworden sind?

*

Womit rechtfertigen Sie Ihr Alter? Und in welcher
Hinsicht genau gibt es die moralische Verpflichtung der
jüngeren Generation, der älteren 30 bis 40 Jahre
Ruhestand zu finanzieren?

*

Welchen Sinn (Sehen, Hören, Schmecken, Riechen,
Tasten) möchten Sie als letzten verlieren?

*

Würden Sie es vorziehen, ausschließlich geistig zu
altern, also auf eine Weise, die, solange Sie schweigen,
keine Rückschlüsse auf Ihren Zerfall zulässt?

*

Was wäre Ihnen ein »Viagra für die geistigen Kräfte«
wert?

Alter

Welche durchschnittliche Lebenserwartung fänden Sie
angebracht?

a)   In Europa
b)   In Asien
c)   In Afrika

*

Bei wem und wofür ist noch eine Entschuldigung
fällig?

*

Ab welchem Alter wird Ihr Körper zur Zumutung im
Bett?

*

Gesetzt den Fall, Sie hätten die Möglichkeit, ein
ganzseitiges Gratisinserat in sämtlichen Tageszeitungen
der Welt – von der *New York Times* über die FAZ
bis zur *South China Morning Post* – zu plazieren:
Welches wäre der genaue Wortlaut?

*

Wann sind Sie zum letzten Mal auf einen Baum
geklettert?

*

Wann sind Sie zum letzten Mal von einem Baum
heruntergefallen?

Alter

Gibt es Krankheiten, deren Eintreten Sie mit Hoffnung erfüllen würde?

*

Stellen Sie sich Marilyn Monroe mit einem Hörgerät vor.

*

Ab welchem Alter schließen Sie aus, dass Sie sich noch einmal – und sei es aus purer Albernheit – verlieben werden?

Glauben Sie, Gott durch
Ihre Gebete manipulieren
zu können?

Gott

Gott

Wie kommt man als Architekt der Welt darauf,
das, was nicht sein darf, als Möglichkeit zu dulden?

*

Würde es Ihnen den Glauben an die christliche
Heilslehre erleichtern, wenn es darin die Option auf ein
endliches Leben nach dem Tod gäbe?

*

Was würden Sie für ein unmissverständliches Zeichen
Gottes ausgeben?

*

Vorausgesetzt, Sie wüssten mit Sicherheit, dass Gott
existiert: Wie weit würden Sie gehen, um die Welt von
dieser Tatsache zu überzeugen? Oder würden Sie es
Gott überlassen, die anderen von seiner Existenz zu
überzeugen?

*

Welches wäre die komischste Art, wie sich Gott Ihnen
mitteilen könnte?

*

Würden Sie Gott weniger ernst nehmen, wenn er
in einer Fremdsprache – zum Beispiel Englisch mit
texanischem Akzent – zu Ihnen sprechen würde?

Gott

Welcher Ölpreis, glauben Sie, wäre Gott am
sympathischsten?

*

Wenn Sie beten: Wie viel Einsicht Gottes setzen Sie
voraus?

*

Wie würden Sie sich kleiden, wenn Sie noch heute vor
Gott zu treten hätten?

*

Wie, glauben Sie, ist Gott motiviert?

*

Wie beurteilen Sie Gottes Kundenservice?

*

Könnten Sie mit der Last der Verantwortung leben,
der einzige Mensch zu sein, dem die Welt ihren Sinn
offenbart hat? Oder bräuchten Sie professionelle Hilfe?

*

Auf welchen persönlichen Deal mit Gott würden Sie
sich niemals einlassen?

*

Woher weiß Gott, dass er existiert?

Gott

Wie würden sich zum Beispiel Hunde ihren Erlöser vorstellen?

*

Angenommen, Gott hätte nur eine beschränkte Anzahl von Plätzen im ewigen Leben zur Verfügung: Wie würden Sie ihn davon überzeugen, Sie zu wählen?

*

Glauben Sie, dass Gott mit Ihnen fühlt?

*

Versprechen Sie sich durch die Ausdehnung der Lebenserwartung über alle natürlichen Grenzen hinaus neue Erkenntnisse hinsichtlich des Sinns des Lebens?

*

Inwieweit wären Sie gezwungen, Ihr Gottesbild zu revidieren anlässlich der Entdeckung von Leben außerhalb unseres Planeten?

*

Befolgt der allwissende Gott den Datenschutz?

*

Wo stünde Gott politisch?

Gott

Im Anfang war das Wort. Wie sympathisch ist Ihnen ein Gott, der, bevor er schafft, redet?

*

Angenommen, es gäbe so viele Götter wie Automobilmarken: Nach welchen Kriterien würden Sie wählen? Inwiefern stünde bei Ihnen der Eintauschwert im Vordergrund?

*

Würde Gott die Demokratie im Himmelreich tolerieren? Und welche Vor- und Nachteile hätte dies für die irdischen Bewohner?

*

Gesetzt den Fall, es gäbe nicht nur einen Gott, sondern mehrere. Glauben Sie, dass diese Konkurrenz für den Endkonsumenten von Vorteil wäre?

*

Was stört Sie am meisten am Jenseits?

a) Dass es ewig dauert.
b) Dass alle gleich sind.
c) Dass man anständig sein muss.
d) Dass man Leute trifft, die man lieber nicht mehr sehen möchte.

Gott

Wie viel Evolution braucht es noch, bis es intelligenten Tierarten einfällt, sich von Gott auserwählt zu fühlen?

*

Gesetzt den Fall, es ließe sich beweisen, dass Gott nicht fair ist. Würden Sie ihn trotzdem lieben?

*

Wie häufig, glauben Sie, werden Sie im Jenseits ans Diesseits zurückdenken?

*

Würden Sie im Himmel für eine Art »menschliche Gewerkschaft« eintreten?

*

Angenommen, Gott wäre weiblich. Wie würde sich dadurch Ihr Verhältnis zu den irdischen Frauen verändern?

*

Würden Sie es begrüßen, wenn Gott öffentlich und mit unmissverständlichen Zeichen proklamieren würde, dass es keinen höheren Lebenssinn gibt? Oder sollte er (zum Schutz der Menschheit) lieber darüber schweigen?

Haben Sie mit dem Tod irgendwelche Hoffnungen verknüpft?

Tod

Tod

Wie groß war Ihre Enttäuschung, als Sie zum ersten Mal von der realen Möglichkeit des Todes erfuhren?

*

Wo möchten Sie sein, wenn der Tod kommt?

*

Welches sind Ihre persönlichen Alternativen zum Tod?

*

Gesetzt den Fall, Sie wären der Schöpfer der Welt: Hätten Sie eine andere Art des Ausscheidens gewählt als den Tod?

*

Angenommen, Sie hätten genau 30 Sekunden, um etwas zu sagen, bevor Sie hingerichtet würden – eine Art Botschaft an die Welt. Was würden Sie sagen? Bitte um genauen Wortlaut.

*

Was ist schrecklicher?

a) Der Tod
b) Die Unsterblichkeit

Tod

Angenommen, der medizinische Fortschritt hätte
uns unsterblich gemacht. Um das Leben dennoch zu
beenden, würden Sie es vorziehen,

a) Am helllichten Tag von einem Meteoriten
    erschlagen zu werden oder
b) Selbst Hand anzulegen?

*

Vorausgesetzt, Sie könnten entweder den Tod oder die
Trauer aus der Welt schaffen. Wofür würden Sie sich
entscheiden?

*

Glauben Sie, dass Menschen, die besonders befähigt
sind zu trauern, auch besonders befähigt sind, Freude
zu empfinden?

*

Wie viel wäre Ihnen das Wissen um Ihr Todesjahr wert?

*

Welche Kombination würden Sie bevorzugen?

a) Sterblichkeit des Körpers / Unsterblichkeit der Seele
b) Unsterblichkeit des Körpers / Sterblichkeit der Seele
c) Sterblichkeit des Körpers / Sterblichkeit der Seele

Tod

Angenommen, der Tod wäre nicht endgültig: Würden Sie
anders handeln?

*

Würden Sie eine Welt befürworten, die jedem ein gleich
langes Leben beschert? Warum? Warum nicht?

*

Wie wichtig ist es für Sie, ohne Leiden zu sterben,
und wären Sie dafür bereit, entsprechendes Leiden in
der Mitte Ihres Lebens zu übernehmen?

*

Gesetzt den Fall, es ließe sich heute nachweisen,
dass der Ablasshandel vor 500 Jahren doch effektiv war,
d. h. die Chancen auf Aufnahme in den Himmel erwie-
senermaßen gesteigert hat. Wie viel wären Sie heute
bereit, für einen Ablassbrief aus jener Zeit zu bezahlen?

*

Was würden Sie vom Selbstmord halten, wenn es die
Möglichkeit der Selbstentstehung gäbe?

*

Ist es Ihnen wichtig zu wissen, wo und wie Sie beerdigt
werden? Warum?

Tod

Wie viel wären Sie bereit, im ewigen Leben für die Option des Todes zu bezahlen?

*

Gibt es Briefe, Fotos, Aufzeichnungen, Notizen, Tagebücher, die Sie im Hinblick auf Ihr Ableben vernichtet haben?

*

Was glauben Sie: Ein wie großer Anteil Ihres Bewusstseins wird den Tod überleben? Angabe in Prozent.

*

Wie viel ist Ihnen ein schöner Tod wert?

*

Angenommen, es gäbe ein Leben nach dem Tod und Sie könnten genau eine Sache mitnehmen. Ordnen Sie nach abnehmender Priorität:

a) Ein Buch
b) Ihren Laptop
c) Ihr Handy (inkl. Ladegerät)
d) Das Auto, vollgetankt
f) Ihre Frau/Ihr Mann
g) Eines Ihrer Kinder

Tod

h) Eine Reiseversicherung
i) Ein Schweizer Taschenmesser

*

Glauben Sie, dass ein früher Tod kompensiert wird –
zum Beispiel durch ein noch längeres Leben im
Jenseits?

*

Welche Dinge nehmen Sie in Kauf, um nicht an
Beerdigungen teilnehmen zu müssen?

*

Zu welchen Beerdigungen würden Sie gern gehen?

*

Gibt es Personen, deren Anwesenheit bei Ihrer
Beerdigung Sie nicht schätzen würden?

*

Würden Sie es vorziehen, wenn statt Gott die Gesellschaft über Ihren Tod entscheiden würde?

*

Haben Sie schon einmal versucht zu sterben? Warum?
Warum nicht?

Tod

Möchten Sie in Erinnerung bleiben?

a) Warum?
b) Wie?
c) Wie lange?
d) Bei wem?
e) Bei wem nicht?

*

Welches minimale Unterhaltungsangebot erwarten Sie im Jenseits?

Rolf Dobelli
im Diogenes Verlag

Fünfunddreißig
Eine Midlife Story

Häppchen und Wein, ausgelassene Feststimmung in der Firma, denn Gehrer, der brillante Marketingchef, wird aus Harvard zurückerwartet. Und das an seinem 35. Geburtstag. Tatsächlich ist er in Zürich gelandet, allerdings nicht mit der Maschine aus Boston. Gehrer war in Indien. Und er sitzt an diesem kalten Februartag nicht etwa in seinem Büro, sondern auf einer Bank am See. In einem entwaffnend präzisen Selbstgespräch zieht er Bilanz. Was geschieht im Zenit des Lebens? Wer ist er mit 35? Und was ist mit 35 plötzlich anders? Das Erwachen: Gehrer möchte nichts lieber als Gehrer loswerden, ein anderer werden. Aber da beginnt sein Problem.
Dobelli enthüllt scharfsinnig und poetisch zugleich ein zeitgenössisches Lebensgefühl und entwirft »eine kleine Philosophie des Durchbrennens«.

»Rolf Dobelli begeistert mit seinem Debütroman. Eine kritische und dennoch komische Bilanz über einen, der trotz aller Erfolge nie gelebt hat.«
Kerstin Schneider / Handelsblatt, Düsseldorf

Himmelreich
Roman

»Nicht schon wieder eine dieser Geschichten, ein Mann und eine jüngere Frau, und die einzige Herausforderung, die darin besteht, das Ganze mit Anstand rückgängig zu machen«, denkt Philip Himmelreich, als ihm die Affäre mit der wesentlich jüngeren Buchhändlerin Josephine über den Kopf zu wachsen droht. Doch diese Geschichte verläuft überraschend anders.

»Wer begreifen will, wie ein entfesselter Turbokapitalismus Traumgebirge einebnet und Seelenlandschaften verwüstet, sollte Rolf Dobellis *Himmelreich* lesen.«
Hendrik Werner / Die Welt, Berlin

Turbulenzen

777 bodenlose Gedanken

Tatort: ein Mann in einem Flugzeug auf dem Weg über den Atlantik. Bevor der Alte Kontinent ihn wiederhat, Nachdenken über sich, über Gott und die Welt. Überraschendes, Hintergründiges, Absurdes, Alltägliches, Gedankenblitze – Formulierungen, die sich wie Haken festsetzen und zum Weiterdenken und -dichten anregen.

»Eine elegant sachliche Sprache mit sparsam, aber punktgenau eingesetztem Wortwitz.«
Deutschlandradio, Köln

»Klar, knapp und knackig.«   *Luzerner Zeitung*

Massimo Marini

Roman

In einem Koffer wurde er als Säugling in die Schweiz geschmuggelt, neun Jahre lang mussten seine Eltern ihn versteckt halten, um ihre Arbeitsbewilligung nicht zu verlieren, der Vater ein harter Malocher, der es zum erfolgreichen Unternehmer schafft – alles für den Sohn Massimo, der es einmal besser haben soll.
Dessen Leben verläuft weniger gradlinig und glänzt mit Dramatik und Höhepunkten. Vom italienischen Immigrantenkind zum Zürcher Gesellschaftslöwen. Vom Opernhausdemonstranten zum Opernhaussponsor. Vom Existenzphilosophen zum Bauunternehmer. Vom Linken zum Rechten. Vom Tiefen zum Hohen. Vom Süden zum Norden. Bis er einer Frau begegnet, die sein Glück krönt – und zerstört.

Ein umfassendes Gesellschaftspanorama und das Porträt einer vitalen, schillernden Persönlichkeit.

»Rolf Dobelli legt hier ein Meisterwerk vor. Packend, lehrreich und mitreißend erzählt.« *Bücher, Berlin*

Fragen an das Leben

Dobellis Fragen an das Leben und an sich selbst: Fragen, die zum Lachen oder Schmunzeln bringen, die unter die Haut gehen, unerwartete, boshafte Fragen, die zuspitzen oder neue Fragen aufwerfen – jedenfalls immer nachdenklich machen und anregen. Zu Erfolg und Karriere, Geld, Liebe, Ehe, Sex, Alter, Tod und Gott. Spielerisch ironische Fragen, die jeden betreffen und garantiert bei jedem etwas auslösen.

Wer bin ich?
Indiskrete Fragen

Fragen, denen sich jeder mindestens einmal im Leben stellen muss. Zur diskreten Selbsterforschung oder als amüsantes Gesellschaftsspiel. Fragen, die belustigen, die unter die Haut gehen, unerwartete, hinterhältige Fragen, die sich ihrerseits in Frage stellen wie in einem Kaleidoskop – und garantiert anregen: zum Lauf der Welt, zu Liebe, Sex, Erfolg, Karriere, Alter, Tod, Gott und Glück.

»Eine an- und aufregende Lektüre, die nicht ohne Folgen bleibt. Denn die Antworten muss jeder selbst für sich finden.« *Nürnberger Nachrichten*

»Kein Ratgeber, keine Psychotricks – trotzdem kommt man sich mit diesem Buch näher.« *Woman, Hamburg*

»Amüsant, charmant, bisweilen subversiv.« *Freie Presse, Chemnitz*

Connie Palmen
im Diogenes Verlag

Connie Palmen, geboren 1955, wuchs im Süden Hollands auf und kam 1978 nach Amsterdam, wo sie Philosophie und Niederländische Literatur studierte. Ihr erster Roman *Die Gesetze* erschien 1991 und wurde gleich ein internationaler Bestseller. Sie erhielt für ihre Werke zahlreiche Auszeichnungen, so wurde sie für den Roman *Die Freundschaft* 1995 mit dem renommierten AKO-Literaturpreis ausgezeichnet. Connie Palmen lebt in Amsterdam.

»Es ist selten, dass jemand mit so viel Ernsthaftigkeit und Witz, Offenheit und Intimität, Einfachheit und Intelligenz zu erzählen versteht.«
Martin Adel / Der Standard, Wien

»Connie Palmen schreibt tiefsinnige Romane, die warmherzig und unterhaltsam sind – trotz messerscharfer Analysen menschlicher Gefühle.«
Elle, München

Die Gesetze
Roman. Aus dem Niederländischen von Barbara Heller
Auch als Diogenes Hörbuch erschienen, gelesen von Christiane Paul

Die Freundschaft
Roman. Deutsch von Hanni Ehlers

I.M.
Ischa Meijer – In Margine,
In Memoriam
Deutsch von Hanni Ehlers

Die Erbschaft
Roman. Deutsch von Hanni Ehlers

Ganz der Ihre
Roman. Deutsch von Hanni Ehlers

Idole und ihre Mörder
Deutsch von Hanni Ehlers

Luzifer
Roman. Deutsch von Hanni Ehlers

Logbuch eines
unbarmherzigen Jahres
Deutsch von Hanni Ehlers

André Comte-Sponville
im Diogenes Verlag

André Comte-Sponville wurde 1952 in Paris geboren. Der ehemalige Professor für Philosophie an der
Sorbonne widmet sich seit 1998 ausschließlich dem
Schreiben. Mit dem internationalen Bestseller *Ermu-
tigung zum unzeitgemäßen Leben* begründete er eine
neue Welle, die ›Philosophie für alle‹. André Comte-
Sponville lebt in Paris.

»Es ist großartig, wie Comte-Sponville von sich aus-
gehend über sich hinaus denkt und es schafft, auch
dieses komplexe Erleben sprachlich zu fassen und
nach-denkend abzubilden.«
Barbara Dobrick / Deutschlandradio Kultur, Berlin

»Große Ideen – klug, humorvoll und klar dargestellt.«
Publishers Weekly, New York

Woran glaubt ein Atheist?
Spiritualität ohne Gott
Aus dem Französischen von
Brigitte Große

Kann Kapitalismus moralisch sein?
Deutsch von Hainer Kober

Glück ist das Ziel, Philosophie der Weg
Deutsch von Hainer Kober. Mit Zeichnungen
von Jean-Jacques Sempé

Liebe
Eine kleine Philosophie
Deutsch von Hainer Kober

Sex
Eine kleine Philosophie
Deutsch von Hainer Kober

Lukas Hartmann
im Diogenes Verlag

Lukas Hartmann, geboren 1944 in Bern, studierte Germanistik und Psychologie. Er war Lehrer, Jugendberater, Redakteur bei Radio DRS, Leiter von Schreibwerkstätten und Medienberater. Heute lebt er als freier Schriftsteller in Spiegel bei Bern und schreibt Romane für Erwachsene und für Kinder.

»Lukas Hartmann kann das: Geschichte so erzählen, dass sie uns die Gegenwart in anderem Licht sehen lässt.« *Augsburger Allgemeine*

»Lukas Hartmann entfaltet eine große poetische Kraft, voller Sensibilität und beredter Stille.«
Neue Zürcher Zeitung

Pestalozzis Berg
Roman

Die Seuche
Roman

Bis ans Ende der Meere
Die Reise des Malers John Webber mit Captain Cook. Roman

Finsteres Glück
Roman

Räuberleben
Roman

Der Konvoi
Roman

Abschied von Sansibar
Roman

Auf beiden Seiten
Roman

Kinder- und Jugendbücher:
Anna annA
Roman

So eine lange Nase
Roman

All die verschwundenen Dinge
Eine Geschichte von Lukas Hartmann. Mit Bildern von Tatjana Hauptmann

Mein Dschinn
Abenteuerroman

Martin Suter
im Diogenes Verlag

»Martin Suter hat die seltene Gabe, Schweres leicht erscheinen zu lassen. Er schreibt einen Bestseller nach dem anderen, die inhaltlich wie literarisch glänzen.«
Michael Knoll / Bücher, Kiel

»Wenn es überhaupt einen Schriftsteller gibt, dessen Feder man gern entsprungen wäre, dann ihn.«
Elmar Krekeler / Berliner Morgenpost

Die Romane:

Small World
Roman
Auch als Diogenes Hörbuch erschienen, gelesen von Dietmar Mues

Die dunkle Seite des Mondes
Roman
Auch als Diogenes Hörbuch erschienen, gelesen von Gert Heidenreich

Ein perfekter Freund
Roman

Lila, Lila
Roman
Auch als Diogenes Hörbuch erschienen, gelesen von Daniel Brühl

Der Teufel von Mailand
Roman
Auch als Diogenes Hörbuch erschienen, gelesen von Julia Fischer

Der letzte Weynfeldt
Roman
Auch als Diogenes Hörbuch erschienen, gelesen von Gert Heidenreich

Der Koch
Roman
Auch als Diogenes Hörbuch erschienen, gelesen von Heikko Deutschmann

Die Zeit, die Zeit
Roman
Auch als Diogenes Hörbuch erschienen, gelesen von Gert Heidenreich

Montecristo
Roman
Auch als Diogenes Hörbuch erschienen, gelesen von Wanja Mues

Die *Allmen*-Krimiserie:

Allmen und die Libellen
Roman
Auch als Diogenes Hörbuch erschienen, gelesen von Gert Heidenreich

Allmen und der rosa Diamant
Roman
Auch als Diogenes Hörbuch erschienen, gelesen von Gert Heidenreich

Allmen und die Dahlien
Roman
Auch als Diogenes Hörbuch erschienen, gelesen von Gert Heidenreich

Allmen und die verschwundene María
Roman
Auch als Diogenes Hörbuch erschienen, gelesen von Gert Heidenreich

Außerdem erschienen:

Richtig leben mit Geri Weibel
Sämtliche Folgen

Business Class
Geschichten aus der Welt des Managements

Business Class
Neue Geschichten aus der Welt des Managements

Huber spannt aus
und andere Geschichten aus der Business Class

Unter Freunden
und andere Geschichten aus der Business Class

Das Bonus-Geheimnis
und andere Geschichten aus der Business Class

Abschalten
Die Business Class macht Ferien

Alles im Griff
Eine Business Soap
Auch als Diogenes Hörbuch erschienen, gelesen von Stefan Kurt

Business Class
Geschichten aus der Welt des Managements
Diogenes Hörbuch, 1 CD, live gelesen von Martin Suter

Urs Widmer
im Diogenes Verlag

»Urs Widmer zählt zu den bekanntesten und renommiertesten deutschsprachigen Gegenwartsautoren.«
Michael Bauer / Focus, München

Vom Fenster meines
Hauses aus
Prosa

Schweizer Geschichten

Liebesnacht
Eine Erzählung

Die gestohlene Schöpfung
Ein Märchen

Der Kongreß der
Paläolepidopterologen
Roman

Das Paradies
des Vergessens
Erzählung

Der blaue Siphon
Erzählung

Liebesbrief für Mary
Erzählung

Die sechste Puppe im
Bauch der fünften Puppe
im Bauch der vierten
und andere Überlegungen zur Literatur. Grazer Vorlesungen 1991

Im Kongo
Roman

Vor uns die Sintflut
Geschichten

Der Geliebte der Mutter
Roman
Auch als Diogenes Hörbuch erschienen, gelesen von Urs Widmer

Das Geld, die Arbeit,
die Angst, das Glück.

Das Buch des Vaters
Roman
Auch als Diogenes Hörbuch erschienen, gelesen von Urs Widmer

Ein Leben als Zwerg

Vom Leben, vom Tod
und vom Übrigen auch
dies und das
Frankfurter Poetikvorlesungen

Herr Adamson
Roman

Stille Post
Kleine Prosa

Gesammelte Erzählungen

Reise an den Rand des
Universums
Autobiographie

Außerdem erschienen:

Shakespeares Königsdramen
Nacherzählt und mit einem Vorwort von Urs Widmer. Mit Zeichnungen von Paul Flora

Valentin Lustigs Pilgerreise
Bericht eines Spaziergangs durch 33 seiner Gemälde. Mit Briefen des Malers an den Verfasser

Das Schreiben ist das Ziel,
nicht das Buch
Urs Widmer zum 70. Geburtstag. Herausgegeben von Daniel Keel und Winfried Stephan

Die schönsten Geschichten
aus Tausendundeiner Nacht
Erzählt von Urs Widmer. Mit vielen Bildern von Tatjana Hauptmann